Willi Hoffsümmer

Kindern die Messe erklärt

In Zeichen, Geschichten und Spielen

Willi Hoffsümmer

Kindern die Messe erklärt

Herder
Freiburg · Basel · Wien

Erweiterte Neuauflage von »Kindern die Messe erklären«

Gestaltung: Finken & Bumiller
Umschlagbild: Karin Schliehe
Illustrationen: Willy Kretzer
Herstellung: Freiburger Graphische Betriebe
Gedruckt auf umweltfreundlichem,
chlorfrei gebleichtem Papier
ISBN 3-451-27046-3

Inhalt

Vorwort

In diesem Buch stelle ich mich einer schwierigen Aufgabe. Mein Bemühen kann nur ein Versuch sein, unseren Kindern das Geheimnis der heiligen Eucharistie, das uns Jesus und die Kirche anvertraut haben, verständlich zu machen. Die Welt ist zu unruhig und laut geworden und füllt uns mit Bildern, Lärm und Hektik so an, dass für Wunder und wirkliche Geheimnisse kaum noch Platz bleibt. Stille kommt in Gefahr, dann nur noch »langweilig« zu wirken.

Eine gute Saat wird auch deshalb oft von Dornengestrüpp erstickt, weil in vielen Familien kaum noch Geborgenheit spürbar wird. Und wenn dieses Urvertrauen in einer Familie nicht mehr erlebt wird, fällt das Ja zu sich selbst, zu Gott und zum Mitmenschen viel schwerer. Manche »Antennen« werden gar nicht mehr ausgefahren. Und immer weniger Eltern und Erzieher begleiten die Kinder auf dem christlichen Weg.

Vielleicht erscheint Ihnen diese Sicht zu dunkel, obwohl ich die Situation realistisch sehen möchte. Guter Wille besteht ja bei den Kommunionkindern und auch bei vielen Eltern; da können wir anknüpfen – im Vertrauen auf den Geist Gottes, der unser Bemühen segnen und unsere Saat aufgehen lassen kann.

Eine weitere Schwierigkeit besteht im Alter der Kinder: Sie sind sicherlich begeisterungsfähig, können aber kaum »die Reise nach innen« antreten, so dass eine besinnliche Stille für sie leicht unangenehm, bedrückend und kaum ertragbar wird. Außerdem ist das Geheimnis des Wunders auf dem Altar eher ein Erlebnis der Seele als ein Prozess des Verstandes – wieviel bleibt selbst uns Erwachsenen schwer verständlich und erfassbar! Glaube ist ein Geschenk, um das ich mich aber bemühen kann.

Die dreißig ausgearbeiteten Treffen sollen möglichst viele Sinne der Kinder ansprechen. Es würde mich freuen, wenn Ihnen die Entwürfe in der Verkündigung eine Hilfe werden können.

Vorbemerkungen

1. Dieses Buch ist nicht als Konkurrenz zu den bestehenden Kommunionmappen gedacht, sondern als Ergänzung. Manches lässt sich auch als Meditation zu Beginn eines normalen Vorbereitungstreffs einbauen, der nach der von der Pfarre gewählten Kommunionmappe vorgeht.
2. Es wäre schön, wenn sich zu diesen dreißig ausgearbeiteten Treffen immer mehrere kleine Kommunionkindergruppen zusammenfänden, die sich ja oft in der Vereinzelung verlieren. Denn Kommunion hat ja viel mit Gemeinschaft und deren Erfahrung zu tun. – Die Spiele am Ende einer Stunde gehen in der Regel auch von einer Gruppenstärke um ca. zehn Kinder aus. – In Anführungsstrichen stehen oft Formulierungsvorschläge. – Manchmal wird noch auf andere Kurzgeschichten verwiesen, die in meinen fünf weitverbreiteten Kurzgeschichtenbänden (Grünewald-Verlag) leicht greifbar sind.
3. Unerlässlich ist meines Erachtens auch das Engagement des Priesters bis in die Gruppen hinein. Er darf nicht nur als Organisator im Hintergrund stehen. Über einen »Computer« fallen keine Samenkörner in die Erde, nur über lebendige Personen. Darum sind die Treffs 2, 9, 11 oder/ und 12, 19, 27 und 30 ausdrücklich als »Kontaktstunden« ausgeschildert, die der Priester übernehmen sollte. Bei dem ersten Treff ist er hoffentlich sowieso dabei.
4. Nicht alle »Spiele« zeigen direkten Bezug zur heiligen Messe, aber sie sorgen für einen frohen Schlusspunkt: Damit tragen sie zu einer lebendigen Gemeinschaft bei, die ja eine Menge mit »Kommunion« zu tun hat. Übrigens: Wenn eine Stunde am schönsten ist, sollten wir (fast) abbrechen!
5. Was wäre die Kirche – nicht nur in der Glaubensweitergabe – ohne die Frauen! Darum habe ich grundsätzlich immer Leiterin geschrieben, weil in der Mehrzahl Frauen die Kinder vorbereiten. Sollte ein Mann als Gruppenleiter unter der ständigen Angabe »Leiterin« sehr

leiden, dann kann er hier gut nachempfinden, wie es in der Kirche in der Regel den Frauen ergeht.

6. Nach Möglichkeit habe ich die Worte »Unterricht« und »Stunden« vermieden. Die Kinder sollen nicht unbedingt an die Schule erinnert werden, die für viele ein »Schatten« ist.

7. Jeder Treff, wenigstens aber die von 7 bis 25, sollte durch ein »Symbol« festgehalten werden, damit die Kinder sich leichter an Vergangenes erinnern. Hier bieten sich viele Möglichkeiten an: Abnehmbare Kärtchen werden auf die Umrisse der Pfarrkirche geheftet; sie werden als Mobile aufgehängt oder wie ein Puzzle, die es fertig gestanzt »blanko« gibt, zusammengefügt. Oder die Kinder werden angehalten, jede oder die meisten Stunden durch eine Zeichnung festzuhalten und die Mappe zur Erstkommunion Paten oder Freunden zu zeigen bzw. zu schenken.

8. Die vielen Informationen in jedem »Treff« können leicht das Wesentliche überdecken: Die Begegnung mit Jesus im Mahl. Darum sollte sich die Gruppe gegen Ende des Treffs oft zu einem kleinen, einfachen und zwanglosen Mahl zusammenfinden, bei dem z. B. ein kleiner runder Stuten (Weck) in Stücke gebrochen und bei Traubensaft gegessen wird. Vielen Kindern geht mittlerweile auch die Erfahrung eines solchen Mahles ab.

9. Manchen Kindern ist vielleicht Jesus eher fremd. Dann müsste er so vorgestellt werden, dass sich die Kinder für Jesus erwärmen, vielleicht sogar begeistern können. Gute Kinderbibeln gibt es genug. Unbedingt sollte das Gleichnis vom barmherzigen Vater, der den verlorenen Sohn umarmt, wie auch das Gleichnis vom himmlischen Hochzeitsmahl den Kindern nahe gebracht werden. – Je weniger die Kinder eine Ahnung von Jesu Leben, Sterben und Auferstehen haben, um so vorsichtiger bei Formulierungen sein wie »Er starb für uns«, »Er ist lebendig bei uns« …

10. Je »verwildeter« die Kinder sind, umso mehr »Stille-Übungen« einfließen lassen! Aber – wie schon gesagt – dabei keinen Zwang ausüben und die Länge so dosieren, dass es nicht langweilig wird.

11. Bei der Abkürzung »Troubadour« handelt es sich um das Liederbuch »Troubadour für Gott«, Kolping-Bildungswerk (Hg.), Sedanstr. 24, D-97082 Würzburg.

I. Hinführung

1. Einstimmung –
Auf dem Weg zur Mitte

Vorzubereiten

Mit einem dicken Seil wird eine Spirale geformt, durch die die Kinder hindurchgehen können. In der Mitte der Spirale steht eine größere brennende Kerze, die »Jesus-Kerze«. Entsprechend der Anzahl der Kinder sind Tee- oder Opferlichter und natürlich Stühle bereitgestellt.

Wer die Mitte gefunden hat und Christus, dem Licht der Welt, begegnet ist, kann die Welt heller machen.

Absicht

Den Kindern nahe bringen, dass sie auf dem Wege sind und es darauf ankommt, Jesus zu begegnen. Dann kann sein Licht durch sie weitergeschenkt werden.

Ort

Pfarrheim oder größerer Raum; wenn möglich, abgedunkelt.

Vorbemerkung

Bei diesem Treff sind viele Variationen möglich:
1. Es geht nur ab und zu ein Kind bis zur Mitte der Spirale und gibt sein brennendes Licht an einige Kinder weiter.
2. Betrachten Sie die vielen Ausführungen der Gruppenleiterin als Angebot auszuwählen. Weniger ist mehr! Sollte Unruhe aufkommen, muss mehr auf die Kinder eingegangen werden.
3. Pädagogisch wäre es besser, da Kinder entdeckend lernen und eher über das eigene Tun begreifen, wenn sie eigene Beispiele einbringen können, z. B. »Ich kann Licht sein für meine kleine Schwester, wenn ich ihr die Schuhe binde…«

Ablauf

Die Kinder setzen sich auf die Stühle, die im Kreis um die Spirale stehen. Bei solchen Treffpunkten bleibt immer ein Stuhl leer. Er soll an Jesus erinnern, der in unserer Mitte ist, wenn sich mindestens zwei oder drei in seinem Namen versammeln. Die Kommunion, die Vereinigung mit Ihm, ist nicht nur punktuell am Weißen Sonntag, sondern immer möglich, wenn in einer christlichen Runde etwas von Seinem Geiste spürbar wird. Wenn ein Kind einmal krank ist, kann der Name des Kindes auf diesen Stuhl gelegt werden.

Das erste Kind nennt nun seinen Namen, seine Adresse, Geschwisteranzahl, Hobbys (je unbekannter die Kinder füreinander sind, umso mehr Informationen!), bekommt dann ein Teelicht und geht sehr langsam in die Spirale hinein, entzündet in der Mitte an der brennenden Jesus-Kerze sein Licht, kehrt *langsam* wieder zurück und reicht das brennende Licht einem anderen Kind. Dieses Kind nimmt das Licht und setzt es irgendwo im Raum ab oder auch an die äußere Kante des Seiles der Spirale. (Wenn der Raum abzudunkeln ist, erhöht es die Wirkung.)

Die *Gruppenleiterin* kommentiert dann bei den folgenden Kindern den Vorgang: Wir gehen von außen nach innen, begegnen Jesus, dem Licht der Welt, lassen uns anstecken von ihm und tragen unser kleines Licht von innen nach außen in die Welt hinein. So können wir sie an einer kleinen Stelle heller machen. (Bei einer kleinen Gruppe können die Kinder öfter gehen.)

(Beim nächsten Kind:) In der Vorbereitung auf die Kommunion gehen wir zunächst auf einen Weg, der immer enger wird. Wir müssen ja auch auf manches verzichten, wenn wir uns in der Woche treffen. Aber unser Blick richtet sich auf das Wesentliche, auf das brennende Licht, auf Jesus Christus. Wenn wir Ihm begegnen, mit ihm »kommunizieren«, uns mit ihm vereinigen, von seiner Güte und Freundlichkeit empfangen, dann springt ein Funke über, dann werden wir angesteckt wie kleine Lichter, die die Welt heller machen.

(Beim nächsten Kind, das immer sehr langsam gehen muss, wenn Sie die Gedanken unterbringen wollen:) In einer Kommunionkindergruppe ist ein Kind noch nicht getauft. Es will aber »Ja« zu Jesus sagen. Es macht sich also auf, Jesus zu suchen. Der Weg ist eng, es muss manches links liegen lassen, was abhalten kann. Manchmal wollen auch Kinder, ja Erwachsene, von diesem Weg abhalten. Aber in der Mitte leuchtet die Flamme hell und warm und ermunternd. In der Taufe wird es dann ein Kind des Lichtes. Es bekommt eine Taufkerze, die es mit nach Hause nimmt. Es ist ein neuer Mensch, der von Jesus entflammt ist, der zum Licht für andere werden kann.

(Beim nächsten Kind – eins kann auch durchaus in der Stille gehen –): Auch die Vorbereitung auf die erste Beichte ist wie dieser Weg von außen nach innen. Wir erkennen, dass wir manches falsch gemacht oder Gutes unterlassen haben. Es tut uns leid. Wir kehren dem Bösen den Rücken zu und machen uns auf den Weg zu Jesus. In der Mitte des Weges begegnen wir ihm in seinem freundlichen Licht. Das umfängt und umarmt uns wie der barmherzige Vater den verlorenen Sohn. Vielleicht hast du das auch schon erfahren, wenn du Vater oder Mutter etwas Schlimmes »gebeichtet« hast und anschliessend wieder froh und erleichtert weggehen konntest? So ist das auch, wenn wir Jesus unsere Schuld bekennen. Dann verzeiht uns der barmherzige Gott. Wir gehen versöhnt davon. Aus dieser Freude heraus können wir auch das Licht zu denen bringen, die uns beleidigt und enttäuscht haben.

(Beim nächsten Kind:) Sich auf die Kommunion vorbereiten heisst auch, die heilige Messe besser kennen lernen. Wir konzentrieren uns auf das, was Jesus gesagt und getan hat. In der Gestalt des Brotes dürfen wir ihn dann sogar empfangen – so sehr liebt uns Jesus, dass er sich für uns so klein macht, um in uns stark zu werden. Er erfüllt uns mit seiner Kraft und seinem Licht, bis er bei uns »durchscheint« (Beispiele!). Und das nicht erst am Weißen Sonntag. Wenn es hier bei uns in der kleinen Gemeinschaft schön wird, dann leuchtet auch hier schon Jesus auf mit seinem Licht. – Seht ihr, wie es jetzt im Raum schon überall etwas heller geworden ist?!

Alternative

Jesus ist mitten unter uns. Dazu eine Kurzgeschichte (in Bd. 4, Nr. 85): Der Abt eines Klosters, das auszusterben droht, erhält von einem befreundeten Rabbi den Hinweis: »In einem von den Mönchen ist der Messias.« Das macht das Miteinander der Mönche herzlicher, ehrlicher und freundlicher, was wiederum die gelegentlichen Besucher sehr schnell herausspüren.

Symbol zum Anheften *(siehe Vorbemerkungen Nr. 7, Seite 10):*
Spirale mit brennender Kerze in der Mitte.

Spiel zum Abschluss

1. »Zublinzeln«

(Wer lässt sich abhalten, wenn – Jesus – ruft!?) Die Hälfte der Kinder sitzt im engen Kreis, ein Stuhl bleibt leer. Hinter den Stühlen stehen die anderen Kinder mit auf dem Rücken gelegten Armen. Ein Kind steht hinter dem leeren Stuhl und blinzelt nun dem sitzenden Vordermann irgendeines Paares zu. Dieser versucht, blitzschnell davonzulaufen, während der Hintermann das zu verhindern sucht. Gelingt es, auf den leeren Stuhl zu kommen, muss nun der Hintermann ohne Partner sich einen neuen herbeiblinzeln. – Nach ein paar Minuten tauschen die Paare ihre Rollen.

2. Ein Spiel zum Kennenlernen

Wir sitzen im Kreis, der Stuhl neben der Leiterin ist leer. Sie setzt sich auf den leeren Stuhl und sagt: »Ich sitze …« Das Nachbarkind rückt auf den leeren Stuhl nach und sagt: »… im Grünen!« Das nächste Kind rückt auch nach und sagt: »… und mag N. N..« Wer hier genannt ist, stürzt sich möglichst schnell auf den leergewordenen Stuhl, während die beiden rechts und links sitzenden Spieler des aufgerufenen Kindes versuchen, dieses festzuhalten. Gelingt ihnen das, beginnt das Spiel am leer gebliebenen Stuhl von neuem durch Weiterrücken. Gelingt es nicht, dann beginnt es wieder an der Stelle, wo jetzt der Stuhl leer steht.

2. Wir lernen die Kirche kennen – Kirchenführung

Vorbemerkungen

Selbst vom Christentum »unberührte« Kinder, also meist »getaufte Heiden«, zeigen eine Neugierde, das große, schöne, staunenswerte Haus kennen zu lernen. Die Führung sollte schon wegen der vielen Schlüssel ein/e SeelsorgerIn übernehmen, am besten aber Pfarrer oder Kaplan. – Besser ein Bild, Fenster oder eine Statue genauer erschließen als ein Zuviel, das wieder »blind« werden lässt. – Ein »Leckerbissen« oder Anreiz sollte am Ende stehen: Vielleicht die Geheimnisse der Sakristei erschließen oder eine Turmbesteigung bis an die Glocken ... – Innerer Höhepunkt ist das Entzünden von Kerzen (mit Gebetsmeinungen) vor dem Marienbild oder Pfarrpatron, damit die Kirchenführung nicht mit einem Museumsbesuch verwechselt wird. Wenn zum Schluss Zeit fehlt, kann eine Fortsetzung im nächsten Treff erfolgen, der auch in der Kirche stattfindet.

Absicht

Die Kinder sollen die Schwellenangst überwinden, aber auch das »Haus« der Getauften lieben lernen, die hier Gemeinschaft erfahren.

Ort

Kirche; oft ist sie das einzige große, historische Gebäude, in dem »Kultur« begegnet werden kann.

Ablauf

Wir stehen *vor der Kirche* und schätzen ab, wieviel Meter sie hoch ist (vor allem der Turm). Wir vergleichen sie mit den umliegenden Häusern. Die Renovierung einer Kirche kostet beträchtlich viel, meist mehr als eine Million (oder Millionen). Aber so viel wert ist es den

Christen, einen großen Raum zu haben, in dem sich die Gemeinschaft aller, die getauft sind, trifft.

Wir gehen *in die Kirche* – vielleicht sind die Stufen von den vielen Tritten im Laufe der Jahre abgenutzt *(zeigen!).* »Beachtet die große Tür!«

Am Weihwasserbecken: »Eure muslimischen Schulkameraden legen sogar die Schuhe ab, wenn sie den heiligen Ort ihrer Gebetsstätte, die Moschee, betreten. Sie kennen auch verschiedene Waschungen vor ihrer Kirche, damit sie ›rein‹ eintreten. So machen *wir* ein Kreuz mit geweihtem Wasser (= Weihwasser) über uns: Es soll uns an die Taufe erinnern. Danach knien wir uns in Richtung des Altares, um uns vor Jesus Christus und seinem Vater klein zu machen = Gott anzubeten. Das tun wir jetzt ...«

Wir gehen zum Altarraum: »Hier steht der Tisch, der Altar, um den wir Christen uns wie eine Familie versammeln. Wer nach vorne schaut, sieht auch das Kreuz: Jesus ist die Mitte dieser Gemeinschaft. Seht ihr da vorne das rote Lämpchen brennen (das Ewige Licht)? Daneben befindet sich der Tabernakel, in dem das verwandelte Brot aufbewahrt wird, das beim Mahl der Kommunion übrig geblieben ist.

Wir schauen einmal zurück in die Kirche, in das so genannte ›Hauptschiff‹ (links und rechts davon liegen die Neben-›Schiffe‹). ›Schiff‹ ist ein schöner Vergleich: In der Taufe bist du an Deck des Schiffes genommen worden. An Deck befindet sich bereits eine große Mannschaft. Der Kapitän ist Jesus, der den Kurs zum Hafen Gottes kennt. – Schaut einmal die mächtigen Säulen! In alten Kirchen tragen zwölf Säulen das Dach. Warum ›zwölf‹? (Sie erinnern an die zwölf Apostel.) Die Säulen ruhen auf einem soliden Fundament, damit die Kirche nicht absackt. Das ›Fundament‹ ist Jesus – wie ein Felsen. Darauf stehen die zwölf Säulen; darum seht ihr an jeder Säule Apostelkreuze und -kerzen (in modernen Kirchen ohne Säulen sind sie ›willkürlich‹ an den Wänden angebracht). Wir alle, die Getauften, sind die Steine, die dafür sorgen, dass es nicht ›hereinregnet‹ oder Kälte und Ungeziefer eindringen können, denn wir möchten uns ja sicher und geborgen fühlen.«

Jetzt wird zu einer Statue oder Ähnlichem gegangen, vor der drei Kerzen entzündet werden: für ein gutes Miteinander in der Kommunionvorbereitung, für die Not in der Welt etc. Dabei kommt es auch auf eine mystische Atmosphäre an!

Danach kann ein »Leckerbissen« folgen. Sollte eine Kostbarkeit, wie eine wertvolle Monstranz oder ein goldener Kelch, gezeigt werden, darauf hinweisen, dass die Auftraggeber und der Künstler sich so angestrengt haben, um Gott zu ehren! – Vielleicht klettern alle auf die Orgelempore und der Organist zeigt einmal, was in der Orgel steckt, die zum Lobe Gottes erklingt. Interessanter ist es natürlich noch, über die Wendeltreppe in den Turm zu steigen ...

Symbol zum Anheften *(siehe Vorbemerkungen Nr. 7, Seite 10):*
Typischer Umriss einer Kirche oder der Pfarrkirche.

Spiel zum Abschluss

1. Ein Kirchenquiz
Ein paar Fragen ranken sich um die Kirche, z.B.: Wie hoch ist der Turm (20 m – 30 m – 50 m)?; wann erbaut?; wie viele Kreuze, Heiligenbilder (welche kennst du?), Sitzplätze? Kleine Preise erhöhen den Eifer ...

2. Stafetten
a) ***Wäsche aufhängen.*** *Auf ein gespanntes Seil müssen drei Geschirr- oder Taschentücher mit sechs Wäscheklammern aufgehängt werden. Die nächste Läuferin hängt sie wieder ab und übergibt alles dem dritten Läufer und so fort.*
b) ***Ross und Reiter.*** *An der Wendemarke tauschen Ross und Reiter die Rollen.*
c) ***Turmbau.*** *An der Wendemarke muss aus fünf Konservendosen ein Turm aufgebaut werden. Die nächste Läuferin stößt ihn um und baut ihn sofort wieder auf ...*
d) ***Besenspiel.*** *Ein Besen wird mit ausgestrecktem Arm oben am Stiel angepackt und durch die Finger nach oben bewegt. Sobald die Finger den Besen selbst berühren, wird er an den nächsten in der Mannschaft weitergegeben, der den Stiel wieder ganz oben nimmt.*

3. Taufe – Wasser des Lebens –
In Gott eingetaucht

Vorzubereiten
Ein Weihwasserkesselchen; den Taufbrunnen der Kirche öffnen lassen und mit Wasser füllen.

Absicht
Den Kindern nahe bringen, dass sie schon seit der Taufe von Christus an die Hand genommen sind und das Eintauchen in seine Liebe in der hl. Kommunion eine größere Tiefe erfährt.

Ort:
Kirche

Ablauf
Vor dem Eingang wird ein Weihwasserkesselchen gezeigt, wie es in manchen Häusern noch hängt. Es soll denjenigen an das Wasser der Taufe erinnern, der sich morgens und abends damit segnet und sich auf diese Weise bewusst macht, zu Jesus zu gehören. Die Kinder werden aufgefordert, in der Kirche auf ähnliche Gegenstände aufmerksam zu machen:

1. Das große Weihwasserbecken am Eingang der Kirche. (Ohne Wasser kein Leben! Ohne Nahrung können wir mehrere Wochen leben, ohne Wasser keine zehn Tage. Alles Leben kommt aus dem Wasser. Im Fruchtwasser wuchsen wir die ersten neun Monate heran, und unser Körper besteht auch jetzt größtenteils aus Wasser. In dieses Leben spendende Wasser wurden wir in der Taufe eingetaucht, d. h. in Gott, den Spender allen Lebens.) Die Kinder machen mit dem Weihwasser langsam ein Kreuz über sich.
2. Ein Hinweis auf den Bottich oder Krug in der Kirche, der ein großes Kreuz trägt: Hier holen die Leute sich das Jahr über das Weihwasser.

Anregung: Sich zur Erstkommunion ein Weihwasserkesselchen

schenken lassen, um morgens und abends zeichenhaft in die Liebe Gottes einzutauchen und von ihm ganz umfangen zu sein.

3. Am geöffneten Taufbrunnen, der mit Wasser gefüllt ist, erzählen: Früher wurden nur Erwachsene zur Taufe zugelassen und in der Osternacht in einem richtig großen Bad untergetaucht – wie Johannes der Täufer die Menschen im Jordan untergetaucht hatte. Vorher hatten sie ihre alten Kleider abgelegt. Danach zogen sie weiße an, die sie auch im öffentlichen Leben acht Tage lang trugen. Am Weißen Sonntag wurden sie dann abgelegt; von daher hat dieser Sonntag seinen Namen.

Auf manchen Taufbrunnen ist ein großer Fisch zu sehen, der den Propheten Jona ausspuckt: Jona war vor Gott geflohen und in todbringendes Wasser geraten. Gott schickte einen Fisch, der ihn in seinem Bauch ans Ufer brachte und dort ausspuckte – so erzählt die Bibel. So schenkte Gott Jona ein neues Leben.
(Buch Jona)

Wie Gott den Propheten Jona aus den todbringenden Wassern rettete und ihm ein neues Leben schenkte, so tauchen wir aus dem Wasser der Taufe zu einem neuen Leben auf.

Ein abschließendes *Gebet*, bei dem die Kinder sich untereinander rund um den Taufbrunnen an den Händen halten:

Guter Gott! In der Taufe hast du uns in deinem Sohn Jesus Christus an die Hand genommen. Er will uns zu dir führen. Hilf, dass wir seine Hand nie loslassen. Lass uns in der hl. Kommunion noch viel enger mit ihm verbunden werden – wie gute Freunde. Bis wir einmal Mahl halten dürfen in deines Vaters Reich, in dem es nur Friede und Freude gibt. Amen.

Alternativen

1. Die Kinder werden zu einer Taufe eingeladen. Sollte das in nächster Zeit nicht möglich sein, können am Taufbrunnen all die Zeichen ausgebreitet liegen, die besagen, was im Sakrament der Taufe geschieht: weißes Kleid, Taufkerze etc.
2. Die bekannte Swimmy-Geschichte kann aufgegriffen werden: Wir wurden in der Taufe in eine große Gemeinschaft eingegliedert, deren »Auge« Jesus Christus ist, der uns zum Vater führen will. Dieses Bild bietet sich auch zur Veranschaulichung an, wenn ein Kommunionkind noch zu taufen ist. – Oder die Alternative: Jedes Kind bringt einen Mauerstein mit, aus denen dann eine Mauer, »die Kirche aus lebendigen Steinen«, gebaut wird.
3. Wenn Sie keine Hemmungen haben, kann die Taufe auch an einer großen Puppe gezeigt werden. (In der russisch-orthodoxen Kirche werden die Kinder auch heute noch bei der Taufe dreimal untergetaucht: Taufen kommt vom Wort »tauchen«.)
4. Das Märchen vom »Wasser des Lebens« kann vorgelesen werden. (Eine auf die Taufe gezielte Kurzfassung finden Sie in meinem Buch »Taufgeschichten«, Grünewald-Verlag Mainz 1991, S. 17f)
5. Zur Aktivierung der Kinder ist möglich: Kinder erzählen von ihrer eigenen Taufe und bringen dazu ein Foto oder das Familienbuch mit. – Das Gebet am Ende der Stunde wird von den Kindern gemeinsam erarbeitet und mit Goldstift(!) vom Leiter aufgeschrieben; gemalte Bilder von der Taufe werden ringsum geklebt. Oder es wird alles aus Transparentpapier erarbeitet und an ein Fenster gehängt.

***Symbol zum Anheften** (siehe Vorbemerkungen Nr. 7, Seite 10):*
Ein Krug, aus dem Wasser fließt, oder ein Taufbrunnen.

Spiel zum Abschluss

1. »Ebbe und Flut«

Wir spielen einen Spaziergang am Strand. Wenn die Leiterin über ein Rinnsal hüpft, müssen alle mithüpfen, wenn sie die Hosen aufkrempelt, macht das die ganze Gruppe, an einer Priele tragen sie einander Huckepack … Jedesmal, wenn sie »Ebbe« ruft, legen sie sich blitzschnell auf den Boden, bei ihrem Ruf »Flut« rasen alle los, um auf einen Stuhl oder Tisch zu steigen. Wer als Letzter auf dem Boden liegt oder auf den Tisch steigt, muss die Erlebnisse auf dem Spaziergang weitererzählen.
(Achtung: Nicht zu wild werden lassen, sonst besteht Verletzungsgefahr.)
Ort: Pfarrheim.

2. Suchspiel

Nachdem ein Kind nach draußen gegangen ist, wird für alle sichtbar ein Flaschenkorken (etc.) versteckt (im Raum oder bei den Kindern selbst). Dann wird das Kind hereingerufen und soll den Gegenstand möglichst schnell finden. Dabei können die anderen ruhig »heiß«, »kalt« rufen. Danach geht ein anderes Kind hinaus …

Oder *ein »Wasserspiel«, siehe Treff 13, Spiel 3 a.*

4. Freundschaft mit Jesus – Ein kostbarer Schatz

Vorbemerkung

Freundschaft besitzt bei Kindern einen hohen Stellenwert.

Vorzubereiten

Ein kostbares Schmuckkästchen auf einem bunten Tuch; darin ein Seilchen, ein kleiner Spiegel und eine kleine Baumscheibe. – Die Kinder sitzen im Kreis.

Absicht

Freundschaft erfahren zu dürfen, ist ein großes Geschenk. Was Freunde zusammenhält und Freundschaft ausmacht, kann leicht auf die Freundschaft mit Jesus übertragen werden.

Ort

Jeder Raum.

Ablauf

»Ihr seht in unserer Mitte das kostbarste **Schmuckkästchen,** das ich auftreiben konnte. Darin sind drei kleine Gegenstände verborgen, die ich aber erst nachher zeige. Ich möchte mit euch über Freundschaft sprechen. Es ist ein großes Geschenk, eine Freundin zu haben oder einen Freund, ob das nun ein Mädchen oder ein Junge (Bub) ist. Einige von euch haben Freunde. Ich würde gerne hören, was ihr von einer echten Freundin oder einem echten Freund erwartet.«(Interessant, was die Kinder jetzt alles zusammentragen.)

Anschließend: »Ich zeige euch nun, was in dem Schmuckkästchen verborgen liegt und sagen kann, was eine gute Freundschaft ausmacht *(öffnen)*: Dieses **Seilchen** kann uns an zwei Bergsteiger erinnern, die mit solch einem Seil verbunden sind. An schwierigen Stellen muss der eine Bergkamerad den anderen halten, damit er nicht abstürzt; er muss beim Gehen Rücksicht auf den Schwächeren nehmen ... (Was muss er noch?)

Seht mal, dieses Seilchen ist aus mehreren dünneren Seilchen geflochten. Die einzelnen Seilchen könnten heißen: Wir vertrauen einander; wir mögen uns; wir stehen füreinander ein (einige Formulierungen der Kinder von eben wiederholen) ...

Dieser kleine **Spiegel** zeigt mir unverblümt, wie ich aussehe. So erwarte ich von einem guten Freund, dass er mir ehrlich sagt, was er von mir denkt, nicht erst draußen vor den anderen – und vorher hat er mir nur Honigworte um den Mund geschmiert. ›Wer einen guten Freund hat, braucht keinen Spiegel‹, sagt ein Sprichwort aus Australien. Der Freund soll mir auch behutsam sagen, wo ich vielleicht eine ›Pfeife‹ oder ein ›Weichei‹ bin und etwas ändern könnte – der echte Freund meint es ja gut mit mir.

Diese kleine **Baumscheibe** zeigt viele Ringe, die Jahr für Jahr um die Mitte gewachsen sind. Seht ihr? – So hat sich ein fester Stamm gebildet. Der einzelne Ring ist wie eine feste Zeit, in der ich mit der Freundin oder dem Freund zusammen bin. Aus diesen Treffen und Begegnungen wächst langsam eine feste Freundschaft; sie braucht also eine gewisse Zeit, um zu wachsen.«

(Hier sollte ein Lied/Kanon gesungen werden, z.B. »Ihr Freunde, lasst euch sagen«, Impulse-Musikverlag, Drensteinfurt, um auf die Freundschaft mit Jesus hinzuführen.)

»In der heiligen Kommunion wird die Freundschaft mit Jesus, die in der Taufe begann, noch viel tiefer und inniger. Die Freundschaft mit Jesus ist ähnlich wie jede andere Freundschaft *(wieder das **Seilchen** nehmen)*: Ich möchte, dass mein Freund Jesus mich hält, vor allem, wenn ich gefährliche Wege gehe. Die dünneren Seilchen dieses Seiles bedeuten wie eben bei der Freundschaft auch hier: Ich vertraue dir; ich mag dich; du kannst dich auf mich verlassen.

*(Den **Spiegel** nehmen:)* Jesus kann ich ehrlich und offen sagen, was ich denke und fühle. Er schaut durch jede Maske. In der Beichte versuchen wir das ja auch und wissen uns anschließend umarmt.

*(Die **Baumscheibe** nehmen:)* Ich muss mir Zeit für Jesus nehmen. Ich kann mit ihm sprechen wie mit einem guten Freund. Und wir treffen uns im Gottesdienst, um ihm gemeinsam zu danken. Bald

werden wir ihm im lebendigen Brot empfangen. Aus diesen Begegnungen wächst langsam die Freundschaft – wie hier Ring um Ring, bis ein fester ›Stamm‹ daraus gewachsen ist.«

Keine Straße ist zu lang mit einem guten Freund an der Seite!

Symbol zum Anheften *(siehe Vorbemerkungen Nr. 7, Seite 36):*
Ein Schmuckkästchen.

Spiel zum Abschluss

1. Murmeljagd

Im Raum sind ca. hundert Kieselsteine oder kleine Murmeln (oder Ähnliches) versteckt. Beide Mannschaften suchen gleichzeitig auf Kommando drei Minuten lang. Die Partei, die die meisten findet, wird MurmelkönigIn.

2. Scherzfragen

a) Welche Bilder kann man nur im Dunkeln sehen? (Sternbilder)
b) Süß ist, was ich schaffe; gefährlich meine Waffe. (Die Biene)
c) Fünf Höhlen in einem Loch. Rat, was ist das doch? (Ein Handschuh)
d) Wer ist morgens lang, mittags kurz und abends wieder lang? (Der Schatten)
e) Welche Enten trinken Bier? (Stud-Enten)
f) Welche Nägel sind in jedem Schuh? (Fußnägel)
g) Ich gehe alle Tage aus und bleibe dennoch stets im Haus? (Die Schnecke)

3. Plätze wechseln

Alle sitzen im Kreis. Für den Spielleiter in der Mitte ist kein Stuhl vorgesehen. Er veranlasst auf originelle Weise, wer alles den Platz wechseln muss, um sich dann schnell hinzusetzen. Wer übrig bleibt, findet wieder etwas Originelles und das Wechselspiel geht weiter.

Originelle Anweisungen: Es wechseln, die noch nie gelogen haben; die schon operiert wurden; die schon eine »Fünf« geschrieben haben; die sich heute morgen die Zähne geputzt haben etc.

5. Den Schatz heben –
Wir sind wertvoll wie Edelsteine

Vorzubereiten

Einen Halbedelstein für jeden. Bei einem Juwelier fragen. Sie können Halbedelsteine preiswert über einen Juwelier im Großhandel bestellen. Z.B. bei der Firma Oppermann, D-24530 Neumünster, Fax 0180/5672424, Artikel 38176 »Edelstein-Schatzkiste« mit 100 Halbedelsteinen für DM 33,00 + MwSt. Stand: Frühjahr '99. – Ton, der an der Luft trocknet.

Absicht

Den Kindern Selbstwertgefühl vermitteln, damit sie sich ihrer Fähigkeiten bewusst werden, die in ihnen schlummern.

Ort

Jeder Raum. Im Kreis sitzen.

Ablauf

(Alle bekommen einen Halbedelstein in die Hand)

»Hoffentlich haben Vater oder Mutter schon einmal zu dir gesagt: ›Du bist mein Schatz!‹ Sie können sich ihr Leben ohne dich nicht vorstellen! Du bist wirklich kostbar – es gibt nichts Kostbareres in der Welt als ein Kind, das uns anvertraut ist. – Dieser Halbedelstein in unserer Hand soll auch auf die Schätze hinweisen, die in dir liegen: ungezählte Fähigkeiten und Talente, die nur dir geschenkt sind und die du im Leben heben darfst. (Wer da zu faul ist: Siehe Mt 25,24– 28: Gott, der Herr, ist sehr ungehalten über den, der nicht mit seinen Talenten arbeitet: ›Du bist ein schlechter und fauler Diener gewesen!‹)

Du bist noch kostbarer als Vater, Mutter oder Freunde dich einschätzen, weil Gott zu uns sagt: ›Ihr seid von mir geliebt‹ (Kol 3,12). Und halte den Atem an! Der Prophet Jesaja sagt sogar: ›Gott spricht: Ich habe dich eingezeichnet in meine Hand!‹ (Jes 49,16). Wir sind darüber hinaus Ebenbilder Gottes: Er sieht uns als ›sehr gut‹ an (Gen 1). Er liebt er uns so, dass er seinen geliebten Sohn auf die Erde schickte und ihm den grausamen Tod am Kreuz nicht ersparte.«

Lied: Liebte Gott, der Herr, uns nicht (»Troubadour« 9)
oder: Gott liebt diese Welt (GL 297)

»Aus einer weichen Tonmasse habe ich diesen Teller geformt, den ich, wenn er getrocknet ist, hier an die Wand hängen möchte. Ich schlage vor, dass wir mit unseren Edelsteinen ein Kreuz (ein Herz?) in den weichen Ton drücken. Es will sagen: Ich möchte ganz eng mit Jesus, unserem Bruder an der Seite, verbunden sein. (Beim Herz: Ich möchte versuchen, Jesus zu lieben.)«

***Symbol zum Anheften** (siehe Vorbemerkungen Nr. 7, Seite 10):*
Ein Kreuz (Herz) aus kleinen Steinen.

Spiel zum Abschluss

1. Wir malen nebenstehendes Mandala aus *(bitte erst vergrößern)*:
   (Quelle: Kett, Molnar, Mandala-Malbuch, © RPA, Landshut)

2. Vampirspiel

Alle gehen mit geschlossenen Augen umher. Die Leiterin flüstert einem/r beliebigen TeilnehmerIn zu, dass sie jetzt der Vampir ist und schreien soll, sobald sie auf einen Spieler trifft. Wenn sich die anderen Spieler treffen, passiert nichts. Nur, wie gesagt, wenn eine/r auf den Vampir trifft, dann schreit dieser. Und der getroffene Spieler wird ebenfalls zum Vampir. Treffen sich zwei Vampire, neutralisieren sie sich, d. h. sie sind beide keine Vampire mehr.

3. Namen erraten

Jeder bekommt einen Tier-, Blumen- oder Ländernamen oder den einer berühmten Persönlichkeit mit Tesakrepp auf den Rücken geheftet. Alle bewegen sich im Raum und dürfen jeden fragen, aber so, dass die Frage mit »ja« oder »nein« beantwortet werden kann. Wird ein Nein gegeben, muss jede/r SpielerIn sofort einen neuen Gesprächspartner suchen. Wer den Namen auf seinem Rücken herausbekommen hat, setzt sich. Das Spiel geht zu Ende, wenn sich die Letzten sehr schwer tun.

6. Mit dem Körper beten – »Gebetsteppich-Spiele«

Vorzubereiten

Genügend Decken, auf denen alle Platz haben.

Absicht

Die zahlreichen Gesten und Haltungen in der hl. Messe sollen den Kindern durchsichtiger gemacht werden. (Dabei Verbindungen zu anderen Weltreligionen aufzuzeigen, ist angebracht, um Ökumene auch in dieser Richtung zu fördern.)

Ort

Pfarrheim oder größerer Raum; am schönsten wäre es in der Kirche.

Vorbemerkung

Besonders bei der Formulierung der Fürbitten die Kinder »kommen lassen«.

Ablauf

Die Decken im Raum werden zum »Gebets-Teppich« erklärt. (Ein Hinweis auf muslimische Mitschüler ist angebracht, die sich zuerst mit Wasser »rein« waschen und dann die Schuhe ausziehen, bevor sie die mit Teppichen ausgelegte Moschee betreten.)

Die Leiterin: Wir ziehen die Schuhe aus gemäß der Stelle in der Hl. Schrift: »Gott sprach aus dem brennenden Dornbusch zu Mose: ›Komm nicht näher heran! Leg deine Schuhe ab; denn der Ort, wo du stehst, ist heiliger Boden!‹« (Ex 2,5). Weil wir auf diesem Teppich mit Gott sprechen wollen, ist dieser Ort für uns jetzt auch heilig. – Alle stellen sich auf dem »Teppich« so weit auseinander, dass sie einander nicht behindern.

1. Die Finger beten:
Wir zeichnen mit dem Daumen der rechten Hand ein Kreuz auf die Stirne, den Mund und das Herz! (Helfen, das Herz zu finden!) Ich verrate euch das kürzeste Morgengebet, das nicht einmal so lange wie das Zähneputzen dauert: »Alles, was ich denke (+ auf die Stirn), alles, was ich rede (+ auf den Mund), alles, was ich tue (+ auf das Herz) – für dich, guter Gott!«

2. Die Hände beten:
Wir halten sie wie leere Schalen vor uns – wie Bettler, die ein Almosen möchten. So steht der Priester manchmal am Altar und bittet Gott um Hilfe für uns alle. Die Leiterin betet und die Kinder beten still mit: »Unser tägliches Brot gib uns heute – und allen Menschen auf der weiten Welt!«

Wir drehen die Hände um und halten sie ausgebreitet nach vorne wie eine Mutter und ein Vater schützend ihre Hände über ein Kind breiten. Lange können wir die Arme so nicht halten, da sie immer schwerer werden. Aber versucht es, möglichst lange durchzuhalten, während ich euch etwas über Mose erzähle: Sein Volk wurde in der Wüste in einen Kampf verwickelt. Immer, wenn Mose seine Hände so in fürbittendem Gebet hochhob, waren seine Kämpfer stärker. Sobald er sie sinken ließ, siegten die Gegner. Da stützten ihm zwei Männer die Arme, bis das Volk gerettet war (nach Ex 17,11–13). – Versteht mich richtig: Es geht hier nicht um das Siegen oder Verlieren, sondern um diese Haltung des bittenden Gebetes. Sie wurde zum Vorbild und Beispiel. Auf diese Weise bitten wir auch in den Fürbitten der hl. Messe und versuchen es auch jetzt:

»Lasst uns beten für alle Kinder, die in Not sind. Lasst uns beten für alle Eltern, die zerstritten sind. Lasst uns beten für alle, die nicht an Gott glauben können …« (Die Kinder suchen eventuell weitere Bitten.) – Danach die Arme sinken lassen.

Die Leiterin: In der hl. Messe, beim Höhepunkt der hl. Wandlung, hält der Priester auch so die Hände über die Gaben von Brot und Wein und bittet: »Guter Gott. Sende deinen Geist auf diese Gaben herab und heilige sie, damit sie uns werden Leib und Blut deines Sohnes, unseres Herrn Jesus Christus.« Also eine besonders wichtige Bitte. Auf diese Weise hält der Priester auch die Hände z. B. über Kinder, wenn sie eingeschult werden oder über ein Brautpaar, wenn er es segnet. –

Wir halten die Arme ausgebreitet zur Seite wie Jesus am Kreuz. So könnte er rufen: »Komm doch in meine Arme!« Auf diese Haltung wurde Jesus festgenagelt. Er ist immer und überall für uns da. (Die Arme wieder sinken lassen.)

3. Der Körper betet:

Wir verneigen uns leicht mit dem Kopf. So grüßen Erwachsene einander. Das ist viel aussagekräftiger als die Hand zu heben und »Hey!« oder Ähnliches zu sagen. Denn das Kopfnicken meint: Ich mache mich etwas kleiner vor dir. Oder: Ich stelle dich etwas höher als mich selbst. – Wenn wir uns vor Gott versammeln, gehen wir noch tiefer und knien uns. Das soll bedeuten: Wir machen uns ganz klein vor dem, der uns geschaffen hat. – Nun machen wir uns noch kleiner und legen kniend die Stirne auf den Teppich. So beten auch die muslimischen Mitschüler Gott an. – Wir beten: »Herr, mein Gott, was bin ich vor dir, dem Herrn des Himmels und der Erde? Niemand ist größer als du allein! Ich glaube dir, dass du mich geschaffen und durch Jesus gerettet hast.«

Wir schlagen mit der rechten Hand an unsere Brust und beten: »Herr, wir sind nicht würdig, dass du einmal zu uns kommen willst in dem kleinen weißen Brot; aber sprich nur ein verzeihendes Wort, dann sind wir würdig, dann sind wir ganz sicher deine Freunde!«

Wenn ein Mann zum Priester geweiht wird oder eine Ordensfrau verspricht, Jesus ein Leben lang treu zu bleiben, dann machen sie sich noch kleiner und strecken sich ganz auf dem Boden aus. Wir versuchen das jetzt auch, aber Vorsicht, dass ihr nach hinten keinen verletzt! – Stille.

Noch eine letzte Haltung, die kaum noch vorkommt: Wir knien uns auf beide Knie und halten dabei die Arme ausgebreitet wie Jesus am Kreuz. So hat der hl. Franziskus oft gebetet. Es ist eine ganz besonders ehrfürchtige Haltung vor Gott. Ehrfürchtig bedeutet: wir ehren und fürchten Gott, wobei das Wort »fürchten« nichts mit »Angst« zu tun hat, sondern mit Anerkennung und Respekt. Wer während des

Abendgebetes sehr schnell einschläft, der kann sich mal wie Franziskus abends vor sein Bett knien. Dann betet der Körper mit und die Gedanken bleiben viel leichter beieinander.

Gespräch mit den Kindern: Welche Haltung gefiel dir am besten und warum?

Weiterführung

Wenn es den Kindern nicht zu lang wird, können auch noch andere Haltungen gedeutet werden:

Gefaltete Hände erinnern an die gefesselten Hände Jesu, der seinem Vater und uns treu war bis in den Tod. – Früher wurden bei einem Eid die zusammengelegten Hände der Ritter von denen des Königs umfangen.

Das Hinsetzen bedeutet kein Ausruhen, sondern ein gesammeltes Zuhören-Können.

***Symbol zum Anheften** (siehe Vorbemerkungen Nr. 7, Seite 10):*
Betende Hände.

»Spiel« zum Abschluss

Da die Bewegung im Mittelpunkt dieses Treffs stand, gehen wir gemeinsam zu einem Wegkreuz, Friedhof …, sammeln unterwegs Blumen (die Leiterin hat eine Vase mitgenommen) und danken Jesus am Kreuz mit den frischen Blüten. (Je nach Jahreszeit einen 24-Stunden-Brenner mitnehmen; dann kann noch einmal an die Bedeutung des Lichtes im 1. Treff angeknüpft werden.)

II. Einführung in die hl. Messe

7. Bußakt –
Scherben loslassen

Vorzubereiten
Ein Blumentopf aus rotem Ton oder Ähnliches. –
Ein modelliertes kleines Kreuz aus Knete oder besser aus Ton, das an der Luft trocknet. – Stifte in entsprechender Anzahl.

Absicht
Den Kindern nahe bringen: Bei Gott kann ich alle Scherben abladen und alles, was mir nicht gelungen ist. So befreit, kann ich froher den Gottesdienst mitfeiern.

Ort
Kirche, jeder Raum.

Vorbemerkung
Die Deutung der Scherben könnte im Gespräch der Kinder untereinander gefunden werden – behutsam gelenkt von der Leiterin.

Ablauf
Vor den Augen der verdutzten Kinder lässt die Leiterin den leeren Tontopf auf die Kirchenstufen fallen. Jedes Kind nimmt eine Scherbe mit. Deutung: Zu Hause, in der Schule … geht so manche gute Absicht daneben – auch durch unsere Schuld. Wir halten oft nur noch Scherben unserer guten Vorsätze in den Händen.

In »Geheimschrift« kritzeln die Kinder bei einer Gewissenserforschung in einer Ecke der Kirche auf die Scherbe, was alles schief gelaufen ist. (Und zwar je nach der Vorbereitung im Bußunterricht, z. B. zu Hause, Schule, Kirche, Freizeit oder nach dem Hauptgebot: Gott – Menschen – ich selbst. Die Leiterin gibt Denkanstöße. Sie darf nicht vergessen, auf unsere Unterlassungen hinzuweisen, wodurch wir heutzutage wohl am meisten sündigen, z. B. »Haben wir die kranken Mitschüler vergessen? ...) Dann gehen alle mit der vollgekritzelten(?) Scherbe nach vorne in den Altarraum vor das große Kreuz. Davor liegt auch das kleine Kreuz aus der weichen Masse.

Jetzt wird auf den Bußakt der hl. Messe hingewiesen: Nach dem Eingangslied und der Begrüßung durch den Priester steht der Bittruf »Herr, erbarme dich!« Denn Jesus hat gesagt: »Wenn du zur Kirche kommst und dir einfällt, dass dein Bruder oder deine Schwester etwas gegen dich hat, dann lass zunächst alles stehen und liegen, geh hinaus und versöhne dich zuerst. Dann komm und feiere Gottesdienst.« (nach Mt 5,23).

Als Zeichen dafür, uns mit dem anderen versöhnen zu wollen, tauschen wir die Scherben untereinander, sind also bereit, Schuld und Fehler des anderen zu (er)tragen. Wir denken an die Übung auf dem »Gebetsteppich« und knien uns auf beide Knie, machen uns klein vor Gott, legen die Scherbe in unsere Hände, strecken sie zum Kreuz aus und bitten: »Herr, verzeihe uns und schenke uns einen neuen Anfang!« (Oder wir beten gemeinsam das Schuldbekenntnis: »Ich bekenne ...«)

Danach stecken alle ihre Scherbe in das weiche kleine Kreuz, Zeichen dafür, dass Jesus in seinem Kreuz unsere Scherben, unsere Sorgen und unsere Schuld getragen hat. – Dieses Kreuz mit den Scherben kann in Zukunft bei ähnlichen Treffen im Gruppenraum aufgestellt werden, um besonders in der Beichtvorbereitung an den wesentlichsten Gedanken, die Verzeihung Gottes, zu erinnern.

(Der Bußakt der hl. Messe zeigt auch auf, dass Sündenvergebung nicht nur auf das Sakrament der Buße fixiert ist.)

Alternative

Wenn ein Fluss oder See in der Nähe ist, können die mit der Schuld in Geheimschrift bekritzelten Kieselsteine (statt Scherben) anschließend auch weit hinaus ins Wasser geworfen werden – als Zeichen für das Vergeben und Vergessen Gottes. Oder sie kritzeln auf Zetteln, die später verbrannt werden.

***Symbol zum Anheften** (siehe Vorbemerkung Nr. 7, Seite 10): Scherbe.*

Spiel zum Abschluss

1. Stockspiel (oder Besenspiel)

Die Kinder stehen oder knien in einem bestimmten Abstand in einem Kreis. Ein Kind stellt in der Mitte einen längeren Stock auf den Boden, ruft einen Namen aus dem Kreis und lässt den Stock gleichzeitig los. Gelingt es dem aufgerufenen Kind, den Stock schnell zu ergreifen, bevor er auf den Boden schlägt, darf es weitermachen und ein anderes Kind aufrufen. Gelingt es nicht, muss es ein Pfand abgeben. – Am Ende des Spieles werden die Pfänder mit viel Phantasie ausgelöst. Die Kinder können dabei lustige Einfälle, die keinen verletzen oder bloßstellen, beisteuern, z. B. ein schönes Erlebnis oder einen Witz erzählen; ein Lied ansingen; sich ohne Gebrauch der Hände auf den Boden setzen und wieder aufstehen; einmal für einen hilfsbedürftigen Menschen einkaufen gehen; eine Grimasse schneiden; fünf Liegestützen machen etc.

Dieses Spiel kann erschwert werden, indem das rechte oder linke Kind neben dem aufgerufenen reagieren und den Stock auffangen muss. Oder folgende Variation: Ein Kind stellt den Besenstiel senkrecht auf, dreht sich einmal (zweimal sogar?) um die eigene Achse und fängt den Stiel wieder auf, bevor er zu Boden fällt.

Oder: Hier passt das »Befreiungsspiel« aus dem 9. Treff, Spiel 4.

2. Ball hochwerfen (draußen)

Ein Kind wirft einen Ball möglichst steil in die Luft und ruft den Namen eines Kindes, das den Ball auffangen soll. Während dieser Zeit versuchen die anderen, innerhalb eines abgesteckten Spielfeldes weit wegzulaufen. Sobald das aufgerufene Kind den Ball fängt, schreit es »Halt!« Alle müssen sofort stehen bleiben. Gelingt es ihm, ein anderes Kind mit dem Ball zu treffen, beginnt der/die Getroffene mit dem Spiel von vorn, sonst nochmals das Kind selbst.

8. Gloria – Die Sonne Gottes leuchtet jedem Menschen

Vorzubereiten

Eine große, gelbe Scheibe = Sonne; einige »Sonnenstrahlen« entsprechend der Anzahl der Kinder, die aber individueller ausfallen, wenn Kinder sie selbst zuschneiden; Stifte; (evtl. das getrocknete Kreuz mit den Scherben); ein Jesusbild; Klebeband.

Absicht

Den Kindern soll der Ursprung des Glorias der Messe näher gebracht werden, auch seine Verbindung mit dem Kyrie-Ruf. Durch die Sonnenstrahlen wird klarer, dass eine Verherrlichung Gottes sich nicht nur auf das Gebet beschränken darf.

Ort

Jeder Raum.

Ablauf

Alle stellen sich zunächst draußen in die Sonne und beobachten ihre Schatten. Oder die Kinder werden im Raum von einer starken Lampe bestrahlt. Unsere Schatten fallen also hinter uns, wenn wir uns in die Sonne stellen. Diese gelbe Sonnenscheibe steht für Gott. Die Schatten bedeuten unsere Schuld. (Kurze Erinnerung an die Scherben unserer Schuld, die Jesus in seinem Kreuz angenommen hat.) Jesus ist, so sagt ein Lied, die »Sonne der Gerechtigkeit« (GL 644). Wer auf ihn schaut, kann alles Dunkle und Schwere hinter sich lassen.

Liedruf: Gottes Liebe ist wie die Sonne …

LEITERIN: Nach dem Bußakt folgt in der hl. Messe sonntags das so genannte »Gloria«, das »Ehre sei Gott in der Höhe!« – wie es die Engel im Stall von Betlehem gesungen haben. Diese Ehre schenken wir Jesus. Darum darf ich ein Jesusbild in die Sonne kleben. In Jesus wird auch der Vater geehrt.

Früher, wenn ein Kaiser oder Feldherr siegreich in Rom einzog, rief die Menge ihm zu: »Wir loben dich! Wir preisen dich! Herr! Kyrios! Erbarme dich unser!« So rufen wir Christen im Gloria zu unserem Herrn und König, der wahren Sonne, die allen Menschen leuchtet: »Herr, Kyrie eleison! Erbarme dich unser! Wir loben dich! Wir preisen dich! Wir beten dich an! Wir verherrlichen (ehren) dich!«

Die Sonne wird noch herrlicher, wenn wir ihr Sonnenstrahlen geben. Ich habe einige vorbereitet. Jeder kann seinen Namen darauf schreiben (sein Bild darauf kleben) und ihn an die Sonne heften: Dann strahlt sie bis in unsere Welt hinein. Wir ehren Gott erst, wenn durch uns die Strahlen seiner Sonne bis in die dunklen und traurigen Stellen dieser Welt leuchten.

Die Leiterin schreibt auf ihren Sonnenstrahl: Ehre sei Gott auf der Erde! Vielleicht ergibt sich daraus noch ein Gespräch.

Ehre sei Gott
in der Höhe
und auf der Erde!

Die Kinder können Beispiele nennen, an welcher Stelle sie die Welt heller machen können. Diese Sonne sollte noch eine Zeit lang hängen bleiben, um zu erinnern …

Ein modernes »Gloria« kann diesen Treff beenden:

Ich lebe!
Ich kann atmen, sehen, greifen und gehen …,
Gott, das ist schön!
Ich bin einmalig auf dieser Welt,
Gott, ein Bild von dir.
Wunderbar hast du mich gemacht.
Du hast mich im Leib meiner Mutter gebildet.
Ich danke dir,
dass du mir Licht und Leben geschenkt hast.
Von allen Seiten umgibst du mich
und deine Hand hast du auf mich gelegt.
In deinem Schutz und in deiner Liebe darf ich leben.
Das ist wunderbar!
Gott, lass mich immer mehr so werden,
wie du mich gewollt hast.
Heriburg Laarmann

Symbol zum Anheften *(siehe Vorbemerkungen Nr. 7, Seite 10):*
Eine Sonne (mit Strahlen).

Spiel zum Abschluss

1. Bäumchen, wechsle dich

Mit Kreide werden die »Bäume« als Kreise in entsprechendem Abstand aufgezeichnet (auf Gras mit Kordeln auslegen). Darin steht je ein Kind. Die Leiterin ruft nun: »Bäumchen, Bäumchen, wechsle dich!« und alle müssen den Standplatz wechseln. Gelingt es der Leiterin, schnell noch einen leeren Kreis zu erreichen, ruft das Kind, das keinen »Baum« mehr gefunden hat: »Bäumchen, Bäumchen, wechsle dich!«

2. »Kerzen-Auslösch«-Spiel

Zwei Kinder geben sich ihre linken Hände und halten sie fest. Jedes hält in der rechten Hand eine brennende Kerze, die einer dem anderen ausblasen soll (Achtung: mit Tropfenfänger oder draussen spielen!).
Erschwert wird das Spiel, wenn beide auf Stühlen oder einer Bank stehen. – Garantiert werden ideenreiche Versuche!
(Wem das Spiel zu gefährlich ist, kann Löffel mit darauf liegenden Wattebäuschen nehmen.)

9. Lesung und Evangelium – Hören können auf Gottes Wort

Vorbemerkung

Diese Stunde könnte gut der Priester übernehmen, damit der Kontakt zu den Kindern entsteht oder erhalten bleibt.

Vorzubereiten

Ein großes Glasgefäß (Bowletopf), in das später ein Mickymaus-Heft, eine Fernsehzeitung, ein kleiner Fußball, eine Video- und Schlagerkassette … gelegt werden, so dass es davon überquillt. / Ein Wecker, der in so viele Tücher gewickelt ist, dass kein Ticken zu hören ist. / Das Lesungsbuch mit eingelegten Textstellen wie unten.

Absicht

Den Kindern verdeutlichen, dass Zuhören-Können die wichtigste Voraussetzung dafür ist, dass Gottes Botschaft in ihnen ankommen kann. (Die mangelnde Konzentrationsfähigkeit der Kinder liegt auch daran, dass ihr Umfeld von zu viel Lärm und Bildern angefüllt ist.)

Ort

Altarraum der Kirche.

Ablauf

Der Priester tippt mit dem Nagel des Zeigefingers gegen das leere Glasgefäß. Die Kinder horchen auf den feinen Klang, der durch kräftigeres Klopfen verstärkt wird.

PRIESTER: »Dieses Glasgefäß soll unser Inneres sein, das eine Menge aufnehmen kann, wenn es leer und aufnahmebereit ist.« Jetzt legt er die obengenannten Gegenstände mit entsprechenden Kommentaren in das Gefäß, bis es »überfließt«. Er tippt wieder an den Glasrand, was aber nur noch einen kurzen Klack ohne jeden Widerhall verursacht.

»Wenn wir in die Kirche kommen, um Gottes Wort zu hören, aber schon angefüllt sind mit allen möglichen Bildern, Melodien, Eindrücken – ich bin nicht grundsätzlich gegen Filme, Schlager oder Sportübertragungen –, also wenn wir so angefüllt sind, dann spukt so viel von der Musik oder dem spannenden Video im Kopf herum, dass wir nichts mehr neu aufnehmen können.

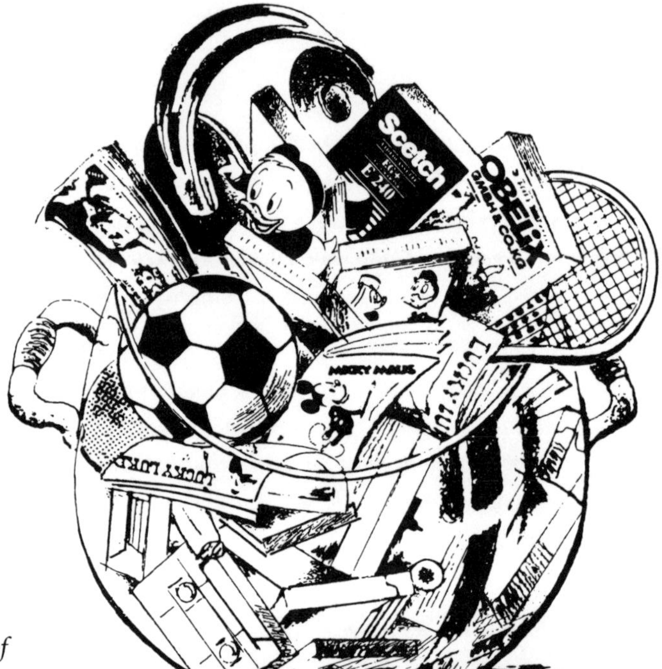

Wer den Kopf davon voll hat, kann das Wort Gottes nicht mehr aufnehmen.

Es ist wie in der Schule: Manches verstehst du nicht oder findest es langweilig, weil du eigentlich gar nicht richtig zugehört hast. Wenn also ›Kirche‹ für dich nicht langweilig sein soll, ist die wichtigste Voraussetzung, dass du fähig bist, zuzuhören! Hört einmal, was alles von draußen zu hören ist!« (In die Stille hinein dringen jetzt langsam Geräusche ans Ohr: Stimmengewirr, Verkehrslärm … Nach der Aufforderung, die Augen zu schließen, wird jetzt langsam der Wecker aus den Tüchern entrollt, bis das Ticken immer deutlicher und lauter wird. Wenn die richtige Atmosphäre herrscht, kann der Wecker auch zum Ablaufen gebracht werden: Durch die wachen Ohren wird der Lärm überdeutlich! – Falls Sie dieser Mitklang stört: Nehmen Sie ein Glöckchen mit angenehmem Klang und läuten damit vorsichtig am Ohr das nächste Kind »wach«. Es darf die Augen aufmachen, das Glöckchen nehmen und seinerseits das Nachbarkind wachläuten.)

»So wache Ohren sind nötig, um die leise Stimme Gottes hören zu können. Ich lese euch jetzt etwas aus der Bibel vor!« Der Priester geht zum Ambo, zum erhöhten Pult, von dem sonst die Lesungen gesprochen werden, dreht sich zu den Hörenden und liest jetzt fast flüsternd, aber ausdrucksstark folgende Stelle:

»Der junge Samuel versah seinen Dienst am Tempel des Herrn in der Nähe der Bundeslade. Sein Vorgesetzter war der Priester Eli, der schon alt und blind war. Eines Tages rief der Herr den schlafenden Samuel: ›Samuel!‹ Samuel antwortete: ›Hier bin ich!‹ Er lief zu Eli und sagte: ›Hier bin ich. Du hast mich gerufen.‹ Eli erwiderte: ›Ich habe dich nicht gerufen. Geh wieder schlafen!‹ Da ging er und legte sich wieder schlafen.

Der Herr rief noch einmal: ›Samuel!‹ Samuel stand auf und ging zu Eli und sagte: ›Hier bin ich! Du hast mich gerufen.‹ Eli erwiderte: ›Ich habe dich nicht gerufen, mein Sohn. Geh wieder schlafen!‹ Samuel kannte noch nicht die Art, wie Gott einen rufen kann. Und Gott rief den Samuel zum drittenmal. Der stand auf, ging zu Eli und sagte: ›Hier bin ich. Du hast mich gerufen.‹ Da merkte Eli, dass Gott, der Herr, den Knaben gerufen hatte. Eli sagte zu Samuel: ›Geh, leg dich schlafen! Wenn er dich noch einmal ruft, dann antworte: Rede, Herr, denn dein Diener hört.‹ Samuel ging und legte sich an seinen Platz nieder. Da kam der Herr, trat zu ihm heran und rief wie die vorigen Male: ›Samuel, Samuel!‹ Und Samuel antwortete: ›Rede, denn dein Diener hört.‹« (1 Sam 2,1–10).

Danach macht der Priester klar: Es geht um mehr als das gute Hinhören. Ich muss vielmehr hinter den vielen Worten Gottes Stimme heraushören können. Denn »hinter« den Geschichten und Worten, die wir in den Lesungen der Messe aus alter Zeit von den Propheten oder aus den Briefen der Apostel hören, steht die Stimme Gottes und will uns *heute* etwas sagen.

Dann liest der Priester ein Evangelium vor. Die Gruppe steht aus Achtung vor Jesus auf, der jetzt durch den Priester zu ihnen spricht. Die Kinder legen ihre Hände wie Muscheln, wie kleine Parabolspiegel, hinter die Ohren, um so mit den »Hörantennen« noch hinter die Worte zu lauschen. (Oder die Kinder halten die Hände vor ihr Gesicht, denn »Blindheit« aktiviert auch das Hörvermögen.)

»Ein Sämann ging aufs Feld, um zu säen. Als er säte, fiel ein Teil der Körner auf den Weg und die Vögel des Himmels kamen und fraßen sie. Ein anderer Teil fiel auf felsigen Boden, wo es nur wenig Erde gab, und ging sofort auf, weil das Erdreich nicht tief war. Als aber die Sonne hoch stieg, wurde die Saat versengt und verdorrte, weil sie keine Wurzel hatte. Wieder ein anderer Teil fiel in die Dornen und die Dornen wuchsen und erstickten die Saat. Ein anderer Teil schließlich fiel auf guten Boden und brachte Frucht, teils hundertfach, teils sechzigfach, teils dreißigfach. ›Wer Ohren hat, der höre!‹« (Mt 13,3–9).

Der Priester küsst das Evangelienbuch und sagt: »Ich liebe Gottes Wort!« Dann setzt er sich wieder in den Kreis und fährt fort: »Die Jünger haben Jesus anschließend natürlich auch gefragt: ›Was willst du uns mit diesem Gleichnis sagen?‹ Und Jesus antwortete ungefähr so: ›In die Dornen ist zum Beispiel der Same bei dem gefallen, der das Wort Gottes, das Samenkorn, zwar gehört hat, aber dann nach draußen geht und wieder den Lärm des Verkehrs und die tolle Musik hört, sich vor den Fernseher legt, an seine Klassenarbeit in der Schule oder daran denkt, wie er zu mehr Geld kommen könnte, um sich das Super-Fahrrad zu kaufen – und das alles erstickt wie die Dornen das Wort Gottes, das ihm neuen Mut geben wollte. – Auf guten Boden aber ist der Same bei dem gesät, der das Wort hört und in sein Herz aufnimmt. Er bringt dann Frucht, hundertfach oder sechzigfach oder dreißigfach!‹ – Seht ihr noch die Glasschüssel, die erstickt ist an all den »tollen« Sachen und die deshalb keinen Klang mehr hat?« (Hier könnten die Kinder auch erarbeiten, was »Dornen« in ihrem Alltag bedeuten.)

Alternative
»Momo« konnte besonders gut zuhören! Von dieser Kurzgeschichte Nr. 136 im Bd. 3 kann auch ausgegangen werden, um die Wichtigkeit des Zuhören-Könnens aufzuzeigen.

Alternative zum Ganzen
Es wird mit dem Spiel 1 »Flüsterpost« begonnen, damit die Kinder erfahren, wie schwer es fällt, genau zuzuhören. Danach ein kurzes Gespräch: Woran liegt es, dass die Wörter so verdreht ankommen? Dann die Kinder an der Glasschüssel selbst demonstrieren lassen, wie sie klingt, wenn sie leer ist. Vielleicht steht sogar eine volle und eine leere (letztere erst nach dem Sämanngleichnis hinstellen) Schüssel da. Nach einer Stille dann der »Wecker« und/oder Bibel- und/oder Momo-Text. Auch hier ist wieder wichtig, dass die Kinder selbst entdecken, dass Zuhören-Können entscheidend ist.

***Symbol zum Anheften** (siehe Vorbemerkungen Nr. 7, Seite 10):*
Ein leeres Glasgefäß.

Spiel als Abschluss

1. Flüsterpost, ein »Hör-Spiel« im Kreis:
Ein Kind sagt dem Nachbarn ein kompliziertes Wort oder einen Satz ins Ohr, den jeder dem Nächsten ins Ohr flüsternd weitersagt. Es ist erstaunlich und bringt Spass, wie verdreht oder sinnentstellt die Wörter am Ende des Kreises ankommen, obwohl keiner absichtlich das Wort veränderte oder schon ein Hörgerät tragen muss. (Eine Erklärung dafür, wie falsches Gerede auch durch mangelndes Zuhören-Können entsteht!)

2. »Kopfschmerzen«
Ein Kind hat »Kopfschmerzen« und bekommt die Augen verbunden. Rechts und links stehen leere Stühle, auf die sich jetzt welche aus dem Kreis schleichen können – auf Holzboden auch ohne Schuhe. Wenn der Spieler mit »Kopfschmerzen« ein Geräusch hört, stöhnt er laut und zeigt in die Richtung. Der Erwischte muss sich dort auf den Boden setzen, wo

er gerade war. Wie viele schaffen es, auf die leeren Stühle zu kommen? Erleichterung: Die Kinder dürfen nur nacheinander oder jeweils zu zweit anschleichen.

3. Geheime Botschaft

Alle sitzen im Kreis und erhalten eine Zahl. Ein Kind steht mit verbundenen Augen in der Mitte und ruft: »Die geheime Botschaft geht von »4« nach »7«. Die aufgerufenen Spieler versuchen, ganz leise ihre Plätze zu tauschen und berühren auf diesem Wege einander mit geöffneten Händen (= Botschaft austauschen). Während auch alle im Kreis ganz still sein müssen, versucht der blinde Spieler an den Geräuschen entsprechende Bewegungen auszumachen und die wechselnden Kinder abzuschlagen. Gelingt es, wird er abgelöst, sonst ruft er neue Zahlen aus.

4. Entführtes Kind befreien

Auch bei diesem Spiel ist absolute Stille Voraussetzung: Ein Kind sitzt in der Mitte des Kreises auf einem Stuhl, ganz locker mit großer Schleife an den Stuhl gefesselt. Der »Entführer«, dem die Augen verbunden sind, horcht, ob einer zum Befreiungsversuch anschleicht und die Fesseln zu lösen versucht, um ihn rechtzeitig abzuschlagen. (Der Weg vom Kreis zur Mitte sollte ziemlich groß sein; außerdem kann sich vorher darauf geeinigt werden, ob sich zwei oder drei Kinder zur Befreiung aufmachen. Für den »blinden« Entführer genügt es dann, ein Kind abzuschlagen, um aus seiner Rolle herauszukommen.)

Dieses Spiel ist in Variationen denkbar, z. B. Ein Hund (= ein »blindes« Kind) bewacht seinen Knochen (= Schlüssel); ein Räuber seinen Schatz (= Geldkassette) …

10. Predigt – Was uns eine Taschenlampe alles sagen kann

Vorzubereiten

Taschenlampe, in der durch ein zusammengefaltetes Papier der Kontakt unterbrochen ist. Bibel.

Absicht

Den Kindern soll veranschaulicht werden, was uns alles hindern kann, das Wort Gottes weiterzugeben.

Ort

Der Raum, in dem die Sonne mit Strahlen hängt.

Ablauf

Alle stellen sich im Halbkreis vor die Sonne. Die Leiterin erinnert an das Glasgefäß (= unser Inneres), das erst leer geräumt werden muss, damit Gottes Wort nicht nur in die Ohren, sondern bis in unsere Gedanken, bis ins Herz gelangen kann. – Stille.

Die Kinder legen wieder die Hände wie Hörmuscheln hinter die Ohren. – Es werden nur zwei kurze Sätze aus der Bibel vorgelesen: »Jesus sagte einmal und er sagt es jetzt durch mich zu euch: ›Ich bin das Licht der Welt‹ (Joh 8,12) und ›Ihr seid das Licht der Welt!‹ (Mt 5,14)«. Sie küsst die aufgeschlagene Bibel und setzt sich mit allen in einen Kreis. (Ist *ein* Stuhl auch leer?)

Die Leiterin zieht eine Taschenlampe hervor und schaltet sie ein – aber die Lampe brennt nicht. Die Kinder erarbeiten, woran es liegen könnte: Fehlen die Batterien? Sind die Batterien vorhanden, aber leer? Oder ist das Birnchen kaputt? – Schließlich schraubt die Leiterin die Lampe auf, nimmt die Batterien heraus, holt ein zusammengefaltetes Papierchen hervor, legt die Batterien wieder ein, verschraubt die Lampe, knipst an, und – die Lampe brennt! Der Kontakt war unterbrochen, das Papierchen wirkte wie eine Isolierschicht!

(Hier können die Kinder auch selbst probieren, die Lampe zum Leuchten zu bringen: Sie entdecken auch selbst das Papierchen und erklären den anderen, warum der Kontakt unterbrochen war.)

Jetzt wird der Vorgang gedeutet: In einer hl. Messe erklärt in der Regel die Predigt das Evangelium. »Ich bin das Licht«, sagt Jesus. Er ist also wie die große Sonne, die unsere Welt hell macht und wärmt. »Wir sind das Licht der Welt« heißt dann: Wir sind also ein Sonnenstrahl oder wie der Strahl einer Taschenlampe, der das Dunkel etwas erhellt.

Leere Batterien = Sie werden durch Beten, durch das Hören auf Gottes Wort im Gottesdienst und Religionsunterricht, durch das Lesen in der Bibel, durch den Empfang der hl. Kommunion … wieder aufgeladen.

Defektes Birnchen = Trennung von Jesus durch eine schlimme Sünde, wie sie aber nur Erwachsene begehen können. Da muss einer unbedingt zur Beichte, um sich wieder mit Gott zu versöhnen und quasi ein neues Birnchen zu bekommen.

Papierchen als Kontaktsperre = Ich bete nicht mehr; ich gehe nicht mehr zum Sonntagsgottesdienst; ich habe »keine Lust« mehr, mich auf Jesus einzulassen. Das »Papierchen« kann ein Stück Fernsehprogramm sein, für das ich genug Zeit habe. Oder bei Erwachsenen kann das »Papierchen« ein zusammengefalteter Geldschein sein: Ich arbeite immer mehr, um mir immer mehr leisten zu können. Am Wochenende schlafe ich dann aus. – Da muss sich etwas ändern!

Jesu Auftrag an uns: Sein Licht weitergeben! Und wenn es nur ein kleiner Strahl ist, der an einer Stelle manche Dunkelheit in der Welt aufhellt. (Hier Lied »Du bist das Licht der Welt,« (z. B. in Liederbuch »Troubadour für Gott«, Nr. 59)

Leiterin: Das Glaubensbekenntnis in der hl. Messe, das auf die Predigt folgt, ist das große »Amen« auf alles, was wir im *ersten Teil der Messe*, im »*Wortgottesdienst*«, gehört haben. Den Ausdruck können wir uns leicht an den vielen Worten merken, die am Ambo gesprochen werden, besonders im wichtigsten Teil, dem Evangelium, der frohen Botschaft, in der Jesus zu uns spricht.

Aus dem Vertrauen zu Jesus heraus sprechen wir danach noch die *Fürbitten* für die Kirche, die Regierenden, die notleidenden Menschen und für alle, die sich versammelt haben. Weil Jesus gesagt hat: »Bittet, dann werdet ihr empfangen!« (Mt 7,7)

(Bei den »Fürbitten« können die Kinder überlegen, wofür sie bitten wollen. Die Leiterin notiert die Anliegen und lässt sie vielleicht in der nächsten Schulmesse vorlesen.)

Symbol zum Anheften *(vgl. Vorbemerkungen Nr. 7, Seite 10): Taschenlampe.*

Anmerkung

Die »Fürbitten« erscheinen als kleines Anhängsel an die Predigt, hätten aber, weil es hier um ein wichtiges Element der tätigen Teilnahme geht, fast einen eigenen »Treff« verdient. Vielleicht bauen Sie ihn ein unter folgenden Gesichtspunkten: Sie erinnern noch einmal an Ex 17,11–13 (siehe Treff 6: Zwei Männer stützen Mose beim Fürbittgebet die Arme). Dann steigen Sie, wenn es nicht zu gefährlich ist, in den Turm der Pfarrkirche und schauen durch die Fensterschlitze auf die Umgebung. Fürbitten sollen nie nur »für uns« sein; wir schauen vielmehr »über den Kirchturm« hinaus und beten für die Welt, für die Kirche, die Notleidenden ... Weil die Kinder beim Schauen vielleicht ein Krankenhaus, eine Fabrik, eine andere Kirche, die Autobahn, die Schule, den Friedhof, ein Gefängnis ... in den Blick bekommen, können jetzt die Fürbitten originell und lebendig ausfallen.

Spiel zum Abschluss

1. Funkerspiel, damit es bei uns »funkt«:

Der Hauptfunker hält beide Arme so hoch, dass die Hände in Kopfhöhe sind; die Hände bewegen sich vibrierend. Seine beiden direkten Nachbarn sind »Nebenfunker«, die den Arm, der dem Hauptfunker am nächsten ist, in ähnlicher Weise hochheben. Der Hauptfunker ruft den Namen dessen auf, der neuer Hauptfunker wird; seine Nachbarn müssen blitzschnell (innerhalb einer Sekunde) als Nebenfunker reagieren, sonst müssen sie sich auf den Boden setzen; erst beim zweiten Fehler scheidet einer aus. Spannend wird es, wenn nur noch wenige Spieler im Rennen sind, weil beim Aufrufen eines Namens der Rufende selbst sofort zum Nebenfunker werden kann.

2. Wettkampf

Reihenfolge im »Wortgottesdienst«. Da nun in den ersten Hauptteil der hl. Messe eingeführt wurde, können die Bezeichnungen der einzelnen Teile auch auf Kärtchen geschrieben werden, die von den Kindern schnell (mit Stoppuhr!) in die richtige Reihenfolge zu legen sind (Eröffnung: Begrüßung, Bußakt, Gloria, Gebet).

Wortgottesdienst (= 1. Hauptteil): Lesung, Zwischengesang, Evangelium, Predigt, Glaubensbekenntnis, Fürbitten.

Vorbereitung für das nächste Treffen

Die Kinder schreiben auf einen kleinen Zettel, welches Wort oder welcher Satz von Jesus ihnen bisher sehr gut gefallen hat. Dazu können auch ein paar Grundschulbibeln ausliegen oder Kinderbibeln, in denen sie nachblättern.

Es wird den Kindern gesagt: Kommt zum nächsten Treff möglichst hungrig und in Wanderkleidung.

11. Stärkung auf der Wanderschaft –
Das Wort Gottes miteinander teilen

Vorzubereiten

Wickeln Sie die mitgebrachten Zettelchen der Kinder mit den Sätzen (siehe Ende der letzten Stunde »Vorbereitung für das nächste Treffen«) in Butterbrotpapier und backen Sie je zwei in größere Brötchen ein. In die Brötchen ritzen Sie ein Kreuz. (Wegen der Kreuzform können Sie auch vier Zettel [in jedes Viertel eins] einbacken; dann würden sich alle in Vierergruppen setzen, wenn die Anzahl der Kinder das ratsam erscheinen lässt.)

Erkunden Sie ein Wegkreuz, an dem Sie Rast machen und die Anregungen dieses Treffens ausführen. Das Kreuz sollte nicht zu sehr vom Verkehrslärm heimgesucht und der mangelnden Wanderlust der Kinder entsprechend nicht allzu weit entfernt sein.

Zum Wandern gehören auch Getränke. Eventuell stehen Ihnen Jakobs- bzw. Pilgermuscheln zur Verfügung (in manchen Restaurants ausleihbar). Dann bitte mitnehmen und das Getränk aus den Muscheln trinken lassen. Dabei von den Pilgern und der Pilgermuschel als Allzweckgerät erzählen (= Teller, Löffel, Sägemesser und Wasserkelle: Ursprünglich das Symbol für die Pilger auf dem Weg zum Grab des Apostels Jakobus in Santiago de Compostela im Nordwesten Spaniens; oft auf Kreuzen abgebildet, z.B. um den Weg zum hl. Matthias nach Trier zu kennzeichnen).

Absicht

Die Kinder nahe bringen, wie gute Worte, Brot und Wasser auf der Wanderschaft (des Lebens) helfen.

Ort

Wanderung zu einem Wegkreuz.

Ablauf

Unterwegs können Wanderlieder gesungen werden. Am Ziel angekommen, setzen sich die Kinder in Gruppen – entsprechend der eingebackenen Zettelchen. Zunächst lesen zwei Kinder vor:

LEITERIN: »Wir hören von einem Mann, der vor einem wütenden König in die Wüste geflohen ist und sterben will.«

1. KIND: Im ersten Teil der Bibel, im Alten Testament, ist die Geschichte vom Propheten Elija aufgeschrieben. Immer wieder hat er seinen gottlosen König gewarnt und angefleht, umzukehren. Schließlich will der mächtige König den lästigen Propheten Gottes töten.

2. KIND: Da geriet der Prophet in Angst und floh in die Wüste. Dort setzte sich Elija entmutigt unter einen Ginsterstrauch. Er wünschte sich den Tod. Er sagte: »Herr, ich will nicht mehr. Immer habe ich für dich den Kopf hingehalten. Und jetzt das! Nimm mein Leben von mir!« Dann legte er sich unter den Ginsterstrauch und schlief ein.

1. KIND: Doch ein Engel rührte ihn an und sprach: »Steh auf und iss!« Als Elija um sich blickte, sah er neben seinem Kopf Brot. Das war in glühender Asche gebacken worden. Und er erblickte einen Krug mit Wasser. Da aß und trank er. Aber er legte sich wieder hin. Er wollte einfach nicht mehr leben.

2. KIND: Doch der Engel Gottes kam zum zweiten Mal, rührte ihn an und sprach: »Steh auf und iss! Sonst ist der Weg zu weit für dich!« – Da stand Elija auf, aß und trank und wanderte, durch die Speise gestärkt, vierzig Tage und vierzig Nächte bis zum Gottesberg *(Nach 1 Kön 19,3-8)*.

LEITERIN: »Auch wir sind im Leben ständig unterwegs. Wir sind Pilger. Denn Jesus sagt: ›Nach dem Tod beginnt erst das richtige Leben bei Gott.‹ Aber auf unserem langen Weg brauchen wir Nahrung, die uns stärkt – wie den Propheten Elija. Darum bekommt ihr jetzt auch Brot und Wasser, (das Wasser trinken wir aus Pilgermuscheln). Im Brot ist eine Überraschung versteckt. Aber stärkt euch jetzt erst einmal am süßen Brot.«

In einer Stille-Phase werden die Zettel vorsichtig aus dem Brotpapier gelöst. Meditativ, also mit Pausen, werden die Sätze vorgelesen. Möglicherweise ergänzt die Leiterin. Schließlich: »Wir brauchen nicht nur Nahrung für den Leib; auch die Seele braucht Worte, die neuen Mut und Hoffnung geben. Ihr kennt diese Worte: ›Komm, du schaffst das schon!‹; ›Ich trau dir das zu.‹; ›Es ist nicht mehr weit.‹; ›Ich gehe mit dir.‹ Ihr habt gehört: Die Worte Jesu sind eine besondere Kostbarkeit für den Weg.«

Symbol zum Anheften *(siehe Vorbemerkungen Nr. 7, Seite 10):*
Ein Brötchen mit einem eingeritzten Kreuz.

Spiel zum Abschluss

1. Balancieren
Jeder Mannschaft steht eine Pampelmuse und eine Apfelsine zur Verfügung. Die Apfelsine wird auf die Pampelmuse gelegt und so von Teamkollege zu Teamkollege, die ziemlich weit auseinander sitzen, balanciert. Welche Mannschaft schafft es am schnellsten? - Die Balancestrecke kann auch um die Mannschaftskameraden herumgehen, die hintereinander stehen. – Das Fallen der Apfelsine wird gezählt = jeweils 5 Sekunden Strafzeit.

2. Zeitungsrennen
Die ersten Läufer zweier Mannschaften legen eine Zeitungsseite vor die Brust und laufen auf Kommando los. Der Gegenwind lässt das Blatt jetzt nicht mehr herunterfallen, das deshalb beim Laufen nicht mit der Hand festgehalten werden darf. Auf der Gegenseite steht die andere Hälfte der Mannschaft: Einer rennt mit dem Zeitungsblatt vor der Brust zurück und so fort.

3. Anzieh-Rennen
Für jede Mannschaft liegen auf einem Stuhl an der Wendemarke ein Schal, ein Paar Handschuhe und eine Kappe (oder Ähnliches) bereit. Die einzelnen Mannschaftsmitglieder ziehen sie dort möglichst schnell im Sitzen(!) an und wieder aus, laufen zurück und schlagen den Nächsten ab.

12. Gabenbereitung –
Vom Altar, Mahl und Opfer

Vorbemerkung
Diese Stunde übernimmt am besten wieder der Priester. Sie sollte mit einer kleinen Mahlzeit im Pfarrheim enden (vgl. Vorbemerkungen Nr. 8, Seite 10).

Vorzubereiten
Hostienschale mit einer entsprechenden Anzahl von Brotscheibchen und einer Priesterhostie. Kelch mit allem Zubehör; Monstranz (noch verborgen); Kollektenkörbchen.

Absicht
Der Altar als Mahl- und Opfertisch soll für die Kinder verständlicher werden.

Ort
Altar der Kirche.

Ablauf
Alle stellen sich um den Altar, auf dem außer einem kleinen Kreuz noch nichts liegt. Der Priester küsst den Altar (also nicht nur das Evangelienbuch) an der Stelle, an der ein Kreuz in den Altar eingemeißelt ist; außerdem sind (meistens) noch vier vertiefte Kreuze an den vier Ecken des Altares zu sehen. Alle Kreuze sagen: Der Altar soll uns an Jesus selbst erinnern. (Hier kann auch auf die Reliquien, die Märtyrer und Katakomben eingegangen werden.)

So wie sich zu Hause zur Mahlzeit alle um einen Tisch herum setzen (leider nicht mehr selbstverständlich!), versammelt sich um diesen Altartisch die ganze Gemeinde, um das wieder zu feiern, was Jesus damals im Abendmahlssaal mit den Jüngern zum ersten Mal getan hat.

Wir reichen einander die Hände und halten sie fest als Zeichen dafür, dass wir uns untereinander gut verstehen wollen, sonst macht eine Tischrunde keine Freude. Der Priester spricht Gebetssätze vor, die alle laut wiederholen:

»Jesus, du bist in unserer Mitte. / Verzeihe uns, was wir falsch gemacht haben. / Nimm von uns alle bösen Gedanken, / gemeinen Worte und Taten. / Dann ist Platz für dich in unseren Herzen, / in unseren Augen, / in unserem Mund, / in unseren Händen und Füßen. / Komm, Herr Jesus, / auch bald zu uns in deinem Himmelsbrot. / Amen.«

Anschließend wird der bekannte Kanon gesungen: Wo zwei oder drei in meinem Namen versammelt sind, da bin ich mitten unter ihnen. (Siehe z. B. »Troubadour« 128.)

Jetzt werden zwei Kinder aufgefordert, die Hostienschale mit Inhalt und das Kollektenkörbchen vom kleinen Tisch (= Kredenz) zu holen. Der *Priester* erklärt, dass der Kelch wie ein Brunnen nach oben geöffnet ist und darauf wartet, mit Wein gefüllt zu werden, um ihn dann verwandelt wieder weiterschenken zu können. Ebenso ist die Hostienschale nach oben geöffnet, aber auch sie behält nichts für sich, sondern verschenkt das verwandelte Brot weiter. Selbst das Kollektenkörbchen ist nach oben offen. Also all das, was der Erde abgerungen wurde, das Brot und der Wein (und auch am Geld klebt der Schweiß), das alles schenken wir Gott zurück, dem Geber aller Gaben, und bitten ihn: »Nimm es an, Herr, segne es, verwandle es! Und wenn du es uns als dein Leib und dein Blut verwandelt zurückschenkst, lass es uns und anderen zum Segen werden.«

Ja, auch das eingesammelte Geld (früher brachten die Leute alles, was der Priester für sich und seine Kirche zum Leben brauchte) bringt nur Segen, wenn wir es gerne geben: Auf die Liebe kommt es bei allem an. Darum hält auch ein Ministrant dem Priester eine stille Predigt, wenn er ihm gegen Ende der Gabenbereitung etwas Wasser über die Finger gießt. Er sagt ihm damit: »Du hast zwar saubere Hände. Aber alles, was du jetzt am Altar anstelle von Christus machst, das lass aus reinem, liebendem Herzen kommen!«

Priester: Im zweiten Hauptteil der Messe geht es eigentlich wie bei euch zu Hause bei einer Mahlzeit zu. (Frage an die Kinder: Wie geht es bei einer Mahlzeit zu?) Die Gaben werden auf den Tisch gestellt, das Hochgebet und das Vaterunser als Tischgebet gesprochen und dann wird gegessen = kommuniziert. Wir empfangen das (verwandelte) Brot, die hl. Kommunion. Und doch ist dieser Altar ein Opfertisch und das Mahl ein Opfermahl! Früher wurden Gott lebendige Tiere (z. B. Lämmer) geopfert. Dabei strömte das Blut über den Altar. Anschließend wurde das Lammfleisch gegessen (so auch bei der Abendmahlsfeier am Gründonnerstag). Jesus hat als das neue Lamm auf gleiche Weise am Kreuz dem Vater sein Leben geschenkt. Wenn Brot und Wein in der »Wandlung« in seinen Leib und sein Blut verwandelt worden sind, dann essen wir in der Kommunion seinen Leib und trinken – später bei besonderen Gelegenheiten – aus dem Kelch den verwandelten Wein. Bei der Wandlung lauten die entscheidenden Worte: »Das ist mein Leib, der für euch hingegeben wird. Das ist der Kelch des neuen und ewigen Bundes, mein Blut, das für euch und alle vergossen wird zur Vergebung der Sünden. Tut dies immer wieder zu meinem Gedächtnis!«

Jetzt versteht ihr auch sicherlich, warum der Priester sich während der »Wandlung« vor dem verwandelten Brot und dem verwandelten Wein niederkniet und warum Schale und Kelch aus besonders kostbarem Metall sind: Sie dürfen das Kostbarste bergen, was uns in dieser Welt geschenkt werden kann, nämlich Jesus, der uns so sehr liebt und sich so klein macht, dass er sich uns zur Speise gibt. Darum schellen auch die Ministranten an dieser Stelle so oft und die Glocke im Turm läutet laut, damit auch die Kranken in ihren Häusern hören: Jetzt ist im Gotteshaus wieder ein Stückchen Himmel auf die Erde gekommen.

Der *Priester* nimmt die große Hostie und hebt sie hoch: »Einmal im Jahr heben wir dieses Brot besonders hoch, geben ihm einen kostbaren Rahmen, ziehen durch die Straßen und zeigen allen, was wir Christen für ganz wichtig halten. Ihr geht in euren Kommuniongewändern mit! Ja, es ist eine richtige Demonstration in der Fronleichnamsprozession. Ich hole einmal diesen kostbaren ›Rahmen‹.«

In die herbeigebrachte »Monstranz« (= Zeigegerät) fügt der Priester dann die (nicht verwandelte) Hostie ein, um dieses Scheibchen zum Mittelpunkt von Gold, Silber und Edelsteinen zu machen.

PRIESTER: »Jeder Christ müsste sich eigentlich flach auf den Boden legen, wenn Gottes Sohn so an ihm vorbeigetragen wird, der die Menschen so sehr geliebt hat, dass er für sie in den Tod gegangen ist.«

(An dieser Stelle dürfen die Kinder einmal die kleinen Brotscheibchen probieren, weil andernfalls bei der Erstkommunion zu viel ihrer Aufmerksamkeit für etwas Nebensächliches verloren gehen kann, und zwar die Erwartung: Wie wird das Brot schmecken? Das ein oder andere Kind wird auch jetzt vor lauter Aufregung kichern wollen, aber besser jetzt als am Erstkommuniontag. Der Priester kann das auch gut abfangen, indem er sagt: »Ihr merkt, ein Plätzchen schmeckt viel feiner, auch das Frühstücksbrot ist nahrhafter und riecht besser. Aber dieses besondere Brot soll auch keinen bestimmten Geschmack haben, um uns nicht abzulenken von dem großen Wunder: Jesus selbst gibt sich uns zur Speise, damit er in uns stark werden kann und wir in ihm.« – Dieses »Probieren« kann auch in die abschließende Mahlzeit gelegt werden, wenn sie vorgesehen ist.)

»Selbst wenn ihr eine verwandelte Hostie unter ein Mikroskop legt, würdet ihr nichts Außergewöhnliches entdecken. Doch habt ihr vielleicht schon herausgefunden, dass alle wesentlichen Dinge im Leben unsichtbar sind. Ob du z.B. einem vertrauen kannst oder einen lieb hast, das kann kein Apparat der Welt anzeigen. Für dieses Himmelsbrot, die hl. Kommunion, gilt das besonders: Du siehst es nur mit deinem Herzen und im Glauben richtig, wie dich Jesus in dieser Speise liebt.«

Ergänzungen

1. Der Priester zieht zu Beginn vor den Kindern die Messgewänder an. So ähnlich trugen Römer damals das Gewand. (Es zeigt, wie bestimmend Rom bei der Ausbreitung des Christentums wurde.)
2. Zum Schluss des Treffens kann der Priester den Kindern in der Sakristei die Priestergewänder in ihren verschiedenen Farben zeigen.

Wie das weiße Licht durch ein Prisma in die sieben Regenbogenfarben bricht, so leuchten das Kirchenjahr hindurch die verschiedenen Festgeheimnisse in diesen bunten Gewändern auf.

Weiß = Farbe für Weihnachten, Ostern und die Festtage des Herrn und seiner Mutter.
Rot = Feste der Martyrer, Palmsonntag, Karfreitag, Pfingsten (= Feuerzungen).
Violett = Zeit des Wartens, der Buße und Umkehr; auch für die Verstorbenen (früher: schwarz).
Grün = Zeit der Hoffnung auf die Wiederkunft Christi an den normalen Sonntagen im Jahreskreis.
Rosa = Als Farbe der Vorfreude am 3. Advent und am 4. Fastensonntag, also zur Hälfte der Bußzeiten. Gewänder in dieser Farbe gibt es meistens nur bei recht wohlhabenden Kirchengemeinden.
Blau = Farbe der Treue und des Vertrauens, die Farbe Mariens – im liturgischen Farbenkanon als solche nicht enthalten.

3. Es könnte noch auf manch anderes eingegangen werden, z. B. auf das Tröpfchen Wasser, das dem Wein beigefügt wird. Ursprünglich wurde der starke Wein mit Wasser vermischt. Heute ist es ein symbolisches Zeichen: Das Tröpfchen sind wir; so wie das Wasser untrennbar im Wein aufgeht, so können wir uns mit Jesus im verwandelten Wein vereinigen.

Aber bitte nicht zu viel bei einem Treffen unterbringen: Weniger ist meistens mehr.

Symbol zum Anheften *(siehe Vorbemerkungen Nr. 7, Seite 10): Tisch oder Altar.*

Übungen zum Abschluss

1. Kelchaufbau

Der Priester breitet sämtliche Zubehörteile des Kelches auf dem Altar aus, zeigt einmal, wie der Kelch richtig zusammengesetzt wird, benennt die Einzelteile und lässt jetzt die Kinder einzeln den Kelch zusammenbauen. Die jeweiligen Bezeichnungen können aber auch auf Kärtchen geschrieben und von Kindern in die richtige Reihenfolge gelegt werden: Altartuch, Kelch, Kelchtuch, Löffelchen (nicht mehr notwendig), Teller (= Patene), Brot, Palla, Kelchvelum.

2. Gewänder des Priesters

Auch hier stehen die Bezeichnungen auf einzelnen Kärtchen und werden von den Kindern in die richtige Reihenfolge gelegt: Schultertuch, weißes Kleid (= Albe), Gürtel (= Zingulum), Stola, Messgewand (= Casel).

Wenn am Ende der Stunde, wie vorgeschlagen, eine Mahlzeit steht, sollten – um der Atmosphäre willen – die Spiele entfallen.

Spiel zum Abschluss

1. Kochlöffel-Zauber

Die Leiterin nimmt einen Löffel in die rechte Hand, klopft damit auf den Tisch oder führt weitere Bewegungen damit aus. Abschließend nimmt sie ihn in die andere Hand und gibt ihn dann weiter an das nächste Kind in der Runde: Sie fordert es auf, ihre Bewegungen genau nachzuvollziehen. Wie viele in der Runde werden es richtig machen und ihn vor dem Weitergeben in die andere Hand nehmen?

2. Tischtennisball-Pusten

Zwei Parteien von je 2–3 Kindern sitzen so um einen Tisch herum, dass jede Partei eine Längsseite und eine Querseite des Tisches einnimmt. Jede pustet nun einen auf der Mitte des Tisches liegenden Tischtennisball so kräftig, dass er beim Gegner über die Tischkante fällt. (Die anderen Kinder stehen hinter den Pustenden und halten sie so zurück, dass der Mund nicht über den Tisch zu liegen kommt.)

13. Hochgebet = Kanon –
Geheimnisvoll miteinander verbunden

Vorzubereiten
Eine kommunizierende Röhre (vom Physiklehrer ausleihen); verschiedenfarbige Flüssigkeiten.

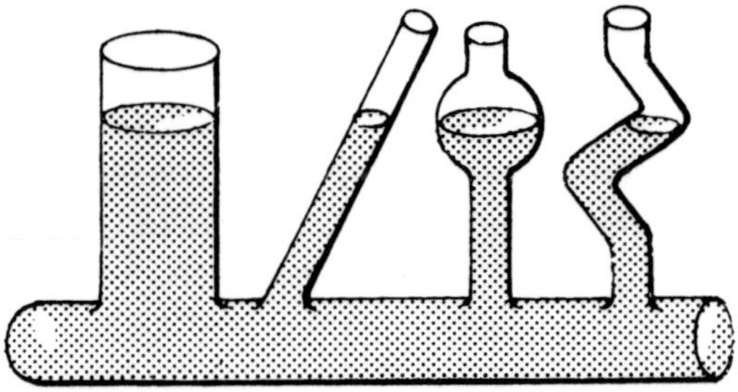

Jeder ist anders und doch sind wir geheimnisvoll untereinander verbunden.

(Ich ließ mir nach obigem Muster kommunizierende Röhren von einer Glasbläserei anfertigen.) Es genügt notfalls auch eine Zeichnung; dann mit Buntstiften arbeiten, obwohl das weniger geeignet ist, weil es die Vorstellungskraft der Kinder überfordern kann.

Absicht
Den Kindern etwas von der »Gemeinschaft der Heiligen« nahe bringen, die bei der hl. Messe um den Altar versammelt ist.

Ort
Jeder Raum.

Ablauf

1. Zunächst »spielen« wir: Einige Kinder gießen in das eine oder andere Röhrchen Wasser hinein und beobachten, wie die verschiedenen senkrechten Röhrchen durch die Waagerechte »kommunizieren«, untereinander verbunden sind.

Dann probieren wir das Ganze mit verschiedenfarbigen Flüssigkeiten (Milch, Kaffee, rotem Saft, blauer Tinte ...), die wir durch beliebige Röhrchen dem Wasser zugießen. Es dauert kurze Zeit, aber dann verteilen sich die farbigen Flüssigkeiten überall hin (die Röhre schütteln, damit es schneller geht).

2. Auch eine Klassengemeinschaft ist so etwas wie kommunizierende Röhren. Wenn zum Beispiel ein Klassenkamerad einem andern etwas wegnimmt (etwas blaue Tinte ins Wasser eingeben), ist das nicht seine »Privatangelegenheit«, denn er zerstört das Vertrauen der Klasse. Auch das Gute geht langsam auf andere über (Milch oder rote Tinte zugießen), so dass niemand sagen darf: Es nützt ja doch nichts, wenn ich ein gutes Wort für einen z. B. ausländischen Schüler einlege. Manchmal treten helle und dunkle Flüssigkeiten, »Gut« und »Böse«, in einen Widerstreit. Was bleibt stärker? Aber selbst wenn das »Böse« manchmal so mächtig erscheint, soll ich doch das »Gute« dagegensetzen, denn es verändert die Farbe wenigstens etwas. So ist auch die Familie wie kommunizierende Röhren: Kommt einer missgelaunt nach Hause, wirkt sich dies auf das Klima zu Hause aus. Bringt einer eine gute Nachricht mit oder einen Erfolg, bleibt auch das nicht ohne Folgen. Auch ein Dorf, die Stadt, ja die ganze Welt ist wie eine kommunizierende Röhre. Wir sind alle miteinander verflochten! (Beispiel der Klimaauswirkung: Wenn in Südamerika der tropische Regenwald abgeholzt wird, betrifft das auch uns!) Grundsätzlich darf ich behaupten: Jede gute und jede böse Tat, ja jeder gute und jeder böse Gedanke haben in der Welt ihre Auswirkung ...

3. Wenn wir uns bei der hl. Messe versammeln, sind wir in Christus auch untereinander verbunden. (Wer möchte, kann hier das Wasser sogar deuten: In der Taufe sind wir in das Wasser des Lebens, in Gott, den Spender allen Lebens, eingetaucht worden.) Aber wir sind nicht

nur durch Gott untereinander verbunden, sondern auch mit den Engeln, den Heiligen, den Verstorbenen und mit allen Getauften, die irgendwo in der Welt leben. Sie alle nennen wir die »Gemeinschaft der Heiligen«. Jeder kann für jeden beten: Wir für die Verstorbenen; die Verstorbenen für uns; die Heiligen bitten für uns; wir bitten für die Christen in Südamerika und diese umgekehrt für uns …

Wenn wir uns in der hl. Messe um den Altar versammeln, dann ist uns die Gemeinschaft derer, die wir sehen und die wir nicht sehen, in Jesus ganz nahe. Das verraten uns auch die Sätze, die der Priester im »Hochgebet« spricht (Hochgebet oder Kanon nennen wir das lange Dank-, Lob- und Bittgebet vor, während und nach der Wandlung.) So heißt es in der Präfation, der Einleitungsrede in das Hochgebet, das eigentlich ein großes Dankgebet ist: »Darum preisen wir dich mit allen Engeln und Heiligen und singen vereint mit ihnen …« Die Engel und Heiligen »stehen« also wirklich unsichtbar mit uns um den Altar. Nach der Wandlung gedenken wir dann des Papstes, der Bischöfe, der Priester …, schließlich aller lebenden Christen. Auch die Verstorbenen werden erwähnt. Sie alle sind uns dann in Christus ganz nahe.

»Wenn du also demnächst die hl. Kommunion empfängst – merkst du, darin steckt das Wort der »kommunizierenden« Röhren –, dann darfst du mit Jesus selbst sprechen oder auf ihn hören; du kannst aber auch an all die anderen denken und für sie bitten, mit denen du jetzt ganz nahe in Jesus verbunden bist – auch wenn deine Augen sie nicht sehen: für die Eltern, Geschwister … Kranken, Notleidenden – bis hin zu denen, die du kennst, die aber schon gestorben sind.«

(Hintergrundwissen für die Leiterin: Im Hochgebet, dem Kanon der Messe, sagen wir durch Christus dem Vater unseren Dank. Es beginnt mit der Präfation und endet mit dem Gebet »Durch ihn und mit ihm …« Das abschließende »Amen« der Gemeinde ist wie unsere Unterschrift unter die Urkunde, dass der Vater in Jesus seine Freundschaft mit uns Menschen erneuert.)

Anmerkung

In dieser Erklärung ist die Verbundenheit untereinander und mit Gott sehr betont, die Danksagung und die »erinnernde Vergegenwärtigung« kommen zu kurz. Auch ist die Wandlung mehr als punktuelles Geschehen sehr hervorgehoben. Aber all das zu erklären hieße, eine tausend Watt-Birne einschrauben, die die Kinder zu sehr blendet.

Symbol zum Anheften: *(siehe Vorbemerkungen Nr. 7, Seite 10) Kommunizierende Röhren. (Ab hier ist es angebracht, einige oder alle Symbolkärtchen hin und wieder nach einer Stunde abzunehmen und von den Kindern erzählen zu lassen, was sie noch wissen.)*

Spiel zum Abschluss

1. Jedes Kind erhält in einem Umschlag ein mit ca. zehn Schnitten zerteiltes Kalenderblatt als Puzzle. Wer hat sein Bild zuerst wieder zusammengesetzt?

2. Zwei Parteien sitzen sich gegenüber, die Kinder selbst sitzen hintereinander auf dem Boden. Jedes Kind hat einen Suppenlöffel und vor dem ersten und hinter dem letzten Kind steht jeweils ein Eimerchen (4 Stück also). Jede Partei hat zehn Eier – am besten hartgekocht, was man aber nicht unbedingt verraten muss! – und transportiert diese nun von einem Eimer mit den Suppenlöffeln weiterreichend in den anderen. Von hinten nach vorne oder zurück. Wer ist am schnellsten ohne Absturz? (Wie gut klappt die »Kommunikation« auch ohne Worte?) Die Eier können hinterher gemeinsam verzehrt werden.

3. Ob ihr gute Ministranten werdet?
a) Die Kinder dürfen bei der Händewaschung kein Wasser auf den Boden schütten! – Jeweils ein Kind aus zwei Parteien muss ein gefülltes Wasserglas möglichst schnell durch einen Parcours von Stühlen tragen. (Oder eine Stoppuhr nehmen bei nur einem Parcours.)
b) Ab und zu dürfen Ministranten Kerzen auspusten. – Wer von euch hat die kräftigste Puste? Die Distanz zum Auspusten wird nach jedem Versuch vergrößert. – Bei einem Mannschaftswettbewerb kämpfen jeweils zwei gegeneinander (2 Kerzen!). (Nicht zu lange spielen, weil bei Schwächeren Schwindelgefühle auftreten können.)

14. Eucharistiefeier als Dank – Jesus gab sein Leben hin

Vorzubereiten

Die ausgewählte Kurzgeschichte zur Hand haben.

Absicht

Die Kinder erahnen lassen, wie groß die Liebe eines Menschen sein muss, der sich für andere hingibt. Das Danken dafür ist dann eine selbstverständliche Antwort. (Dieser Gedanke übersteigt allerdings noch weitgehend die Erfahrungswelt des Kindes!)

Ort

Jeder Raum.

Ablauf

Wir versammeln uns vor einem ausdrucksstarken Kreuz: »Jesus gab sein Leben für uns Menschen hin.« Dieser Satz kommt vielleicht zu selbstverständlich und zu oft in Erklärungen über die Lippen. Wir wollen heute genauer hinschauen, um zu verstehen, was das bedeutet.

1. Am Beispiel des Paters Maximilian Kolbe, der sein Leben für das des Familienvaters Gajowniczek eintauschte (erzählen!), zeigen wir folgendes auf: In dieser Familie wird das Bild von P. Kolbe bestimmt einen herausgehobenen Platz einnehmen und oft mit Blumen geschmückt sein. Am Jahrestag seines Todes wird es besonders verehrt, z. B. durch brennende Kerzen. Den Kindern dieser Familie wird sicherlich öfter vor Augen gestellt: »Es gibt keine größere Liebe, als wenn einer sein Leben für seine Freunde hingibt!« (Joh 15,13)

Darum schmücken auch wir überall das Bild unseres Retters, Jesu Christi: In der Kirche, zu Hause, an Wegkreuzungen, auf den Berggipfeln … Er hat für uns sein Leben hingegeben. In der Eucharistiefeier, dem zweiten Hauptteil der hl. Messe, sagen wir Dank dafür.

Eucharistie feiern heißt auch übersetzt: Gott Dank sagen für unseren Lebensretter, der den Willen des Vaters erfüllte. Jesus hätte ja auch nein sagen können.

In der hl. Messe feiern wir aber mehr als nur ein Bild von Jesus und die Erinnerung an seine Tat: Jesus ist lebendig bei uns. Es ist so, als wenn die Zeit von damals aufgehalten würde und das Kreuzesopfer jetzt gegenwärtig wäre. (Siehe dazu auch Treff 16!)

2. Folgende Geschichte aus dem Alltag kann das unter 1.) Gesagte noch deutlicher ausdrücken (P. Kolbe kann aber schon genügen!):

Beim Versteckspiel in der Wohnung der Freundin entdeckte Sabine mitten im Suchen über dem Bett ihrer Freundin Nicole ein seltsames, eingerahmtes Bild: etwas Blaugraues mit schwarzbraunen Rändern und einem Loch in der Mitte. Sie nahm gerade das komische Etwas von der Wand, um es sich genauer anzusehen, da stand schon Nicole neben ihr, riss ihr mit hochrotem Kopf das Bild aus der Hand und sagte ärgerlich: »Lass meine Sachen in Ruh‹ – das geht dich nichts an!« Aber auch Sabine war nicht auf den Mund gefallen: »So ein blöder, alter Lappen an der Wand, was soll das?«

Die schönste Zankerei war im Gange, als Frau Hofer von der Arbeit nach Hause kam. Mit einem Blick sah sie, was geschehen war. »Kommt«, sagte sie, »vertragt euch! Sabine kann ja nicht wissen, worüber sie lacht. Nicht wahr, Nicole, wir wollen es ihr erzählen.« So erfuhr Sabine die Geschichte des sonderbaren Bildes:

Als Nicole drei Jahre alt gewesen war, waren die Eltern eines Abends ins Theater gegangen. Als sie heimkamen, schlugen ihnen aus den Fenstern ihrer Wohnung Flammen und Rauchwolken entgegen. Viele Leute drängten sich unten auf der Straße. Auch die Feuerwehr war schon da. Es war ein schreckliches Durcheinander und Rufen und Laufen und Gedränge gewesen. Aber Nicoles Mutter hatte alles das gar nicht wahrgenommen. »Mein Kind«, hatte sie nur immer wieder gerufen, »mein Kind – es ist noch in der Wohnung!« Mit Gewalt hatte man sie festgehalten, als sie in das brennende Haus laufen wollte. Und da hatte ein junger Feuerwehrmann die lange Brandleiter an das Fenster gelegt, war flink hinaufgeklettert und in der Glut verschwunden, ehe die Leute recht begriffen, was da vor ihren Augen geschah. Totenstill hatten sie auf einmal dagestanden und zu dem Fenster hinaufgeschaut. Würde er es schaffen? Würde er das Kind retten?

Da tauchte er am Fenster auf. In den Armen hielt er ein Bündel – es war Nicole. Mit letzter Kraft kam er von der Leiter herunter. Er taumelte und brach zusammen. Zwei Tage später starb er im Krankenhaus – Nicole aber lebte.

Frau Hofer schob Sabine das Bild hin. »Sieh«, sagte sie«, das ist ein Stückchen von dem Rock, den er trug. Die Ränder sind versengt und ein Loch ist hineingebrannt. Aber jetzt wirst du verstehen, warum das Bild kostbarer ist als alle anderen, die wir besitzen, und warum es über Nicoles Bett hängt.« »Ja«, sagte Sabine ganz still, »jetzt verstehe ich es. Wenn er nicht sein Leben eingesetzt hätte, wäre Nicole tot.« Und ganz vorsichtig hängte sie das kostbare Bild wieder an den Nagel, von dem sie es vorhin abgenommen hatte.

(verkürzte Erzählung der Geschichte »Das sonderbare Bild« in H. O. Knackstedt, H. G. Koitz, M. Lorentz, »Messfeiern mit Kindern«, Bernward Verlag, Hildesheim 1980 und Verlag Butzon & Bercker, Kevelaer, S. 76–78)

Alternativen zu 2.

1. Bei einem Frontalzusammenstoß zweier Autos rettete eine beherzte ältere Dame zwei Kinder aus dem Flammenmeer, weil sie in Bombennächten gelernt hatte, inmitten von Grauen und Tod Mut und Ruhe zu bewahren. Aber die Aufregung war für sie doch zu groß. Sie starb kurz darauf an Herzversagen. Tatsachenbericht. (Vgl. »Der Opfertod« in »Geschichten als Predigten«, Grünewald-Verlag 1995[3], S. 48–50).
2. Bei einem Eisenbahnunglück hält ein Mann bis in den Tod mit übermenschlicher Kraft einen Stahlträger, der sonst ein Kind zermalmt hätte. Tatsachenbericht (vgl. Kurzgeschichten Bd. 3, Nr. 53: Die ganze Last der Erde).
3. Der Sprengmeister in einem Steinbruch wirft sich in letzter Sekunde über ein Kind, das dem »lustigen Hörnlein« nachgegangen war. Ein Steinblock zerschmettert dem Retter den Kopf, das Kind aber bleibt unversehrt. (Vgl. »Bußgeschichten«, S. 23–25: »Ein Hörnlein bläst den Tod an«.)

4. Ein Großvater rettet seinen Enkel, der im Eis eingebrochen ist. Dieses aufregende Ereignis verkraftet aber sein Herz nicht mehr. (Vgl. Kurzgeschichten Bd. 4, Nr. 56: »Ein Stückchen Holz«).
5. Als Alternative zu P. Kolbe kann vom Tod des Bischofs Romero erzählt werden, der sein Leben für die Armen gab.

Bei all diesen Vorschlägen die Aktivität der Kinder nicht zu kurz kommen lassen, z. B. den Bezug zum Alltag der Kinder suchen: Wir müssen nicht gleich unser Leben opfern, aber wir können Jesus Dank sagen, indem wir einem Außenseiter beistehen oder mutig unsere Meinung sagen ...

Symbol zum Anheften *(siehe Vorbemerkung Nr. 7, Seite 10):*
Jesus am Kreuz (oder Ikone), daneben wird ein Blumenstrauß gezeichnet.

Spiel und Alternativen als Abschluss

1. Auf dem Boden liegt eine aufgeschlagene Zeitungsseite = die Eisscholle, die in wärmere Gewässer treibt und laufend schmilzt (= die Spielleiterin reißt immer wieder Papierstreifen ab und verkleinert so die »Eisscholle«): Je kleiner sie wird, umso mehr müssen die Spieler sich aneinander klammern und einander helfen. Wenn die Gruppe »unterzugehen« droht, ist das Spiel beendet. – Vielleicht werden den einzelnen Spielern wichtige Berufe zugeteilt, dann kann im gegenseitigen Diskutieren auch erwogen werden, wer vielleicht freiwillig abspringt, weil seine Tätigkeit weniger lebenswichtig ist. Ähnlich das bekannte Spiel mit der Ballonfahrt: Wer springt zuerst ab, um das Leben der anderen zu retten?!

2. Wir schmücken wieder ein Wegkreuz: Vgl. »Spiel« in Treff 6!

3. Ein Kreuz mit den Namen der »Kokis« kann als Dank in der Kirche aufgestellt werden. Oder: Wir singen Lieder zum Abschluss: »Danke für ...« oder »Laudato si«, damit es ein froher Ausklang wird.

15. Eucharistiefeier als Verwandlung zu neuem Leben – Durch Leid zum Heil

Vorzubereiten

Schön wäre es, wenn das indische Misereor-Hungertuch von 1990 zur Verfügung stünde: Eine Frau sitzt in einem Weizenkorn. / Osterkerze.

Absicht

Den Kindern nahe bringen, dass Sterben eine Verwandlung zulässt, die neues Leben bringt.

Ort

Jeder Raum; Schlussmeditation nach Möglichkeit in der Kirche.

Ablauf

1. Die Kinder erkennen das Weizenkorn auf dem Hungertuch, in dem die Frau sitzt: Wenn das Weizenkorn stirbt, richtig heißt es, wenn es sich ganz verzehrt, bringt es reiche Frucht – wie es in den überlangen Ähren dargestellt ist. »Wenn das Weizenkorn nicht in die Erde fällt und stirbt, bleibt es allein; wenn es aber stirbt, bringt es reiche Frucht« (Joh 12,24).

So können wir zur Gabenbereitung das Brot nicht zu Gott emporheben, wenn nicht vorher einige Körner sterben, d. h. sich in Brot verwandeln lassen. Ebenso ist es mit den Trauben: Sie müssen sich pressen und zerstoßen lassen, damit Traubensaft und schließlich Wein entsteht.

Jesus war bereit, sich wie ein Weizenkorn zermahlen und töten zu lassen, um zum kostbaren Brot zu werden. Jesus war bereit, sich wie Trauben auspressen und töten zu lassen, um zum kostbaren Wein zu werden.

Wir singen dazu als unsere Antwort:

Text: W. Willms, Melodie: L. Edelkötter, aus: Biblische Spiellieder
Rechte: Impulse Musikverlag. D– 48317 Drensteinfurt

2. Weizenkörner, Trauben, hört von unserem Glauben. Wer nicht in die Mühle fällt, leidet keine Not, wird kein Brot, kein Brot.
3. Weizenkörner, Trauben, hört von unserm Glauben. Wer nicht in die Kelter fällt, wird auch nicht gepresst für das Fest, das Fest.

(Zur Erklärung der Kelter ist vielleicht das äthiopische Hungertuch oder ein Bild davon hilfreich, auf dem Jesus in der Kelter steht und »ausgepresst« wird: Sein Blut fließt in den Kelch.)

Ja, wer nicht bereit ist, sich wie Jesus verwandeln und immer ein wenig die eigenen Wünsche und Vorstellungen sterben zu lassen, der wird auch keine wirklich befreiende innere Freude erleben können und wird nicht »gepresst für das Fest«, für das »ewige Fest« beim himmlischen Hochzeitsmahl.

2. Zum besseren Verständnis, dass aus Leid und Sterben Segen und Heil wachsen, kann die folgende Kurzgeschichte beitragen:

In einem Garten wuchs ein herrlicher Bambusbaum. Der Herr des Gartens hatte seine Freude an ihm. Eines Tages blieb er vor ihm stehen und sagte: »Lieber Bambus, ich brauche dich!« Sofort antwortete der Baum: »Herr, ich bin bereit, gebrauche mich, wie du willst!« Die Stimme des Herrn wurde ernst: »Aber dafür muss ich dir deine Blätter und Äste abschneiden!« Da erzitterte der Baum. Schließlich sagte er leise: »Herr, wenn du mich anders nicht gebrauchen kannst, dann schneide sie ab!«

»Ich muss dir noch mehr antun«, begann der Besitzer wieder, »ich muss dich mitten durchschneiden und dich zerspalten! Wenn ich das nicht darf, kann ich dich nicht gebrauchen!« Es dauerte lange, bis der Bambus sich zur Erde neigte und bis ins Mark getroffen flüsterte: »Herr, dann schneide und teile.«

Und der Herr schnitt den Bambus, hieb seine Äste ab, streifte seine Blätter fort und spaltete ihn in zwei Teile. Dann trug er ihn mitten durch die trockenen Felder zu einer Quelle. Dort verband er mit dem Bambusstamm die Quelle mit der Wasserrinne im Feld. Und das klare Wasser schoss durch den zerteilten Körper des Bambus in den Kanal und floss auf die dürren Felder, um eine reiche Ernte möglich zu machen. –

So wurde der herrliche Bambus erst zum großen Segen, als er gebrochen und zerschlagen war.

Versteht ihr jetzt ein wenig, warum Jesus Christus uns mit seinem Sterben Segen gebracht hat? Er hat sein Kreuz über den Abgrund gelegt, der die Menschen von Gott trennte.

3. Wir gehen zur Osterkerze in die Kirche (vielleicht ist hier auch der Pelikan auf einem Fenster, einer Fahne o. ä. zu sehen) und stellen uns um sie (oder die Osterkerze wird jetzt in die Mitte des Kreises gestellt). Wir deuten zunächst die fünf roten Nägel, die uns von Christi Tod erzählen, und ordnen sie den fünf Wunden zu. Danach folgende Meditation:

a) Zwei Nägel erinnern an die Wunden der Hände.

Wir schauen in unsere Hände: Sie können Gutes und Böses bewirken; sie können helfen und beten, aber auch zerstören und schlagen. Der Kain in uns kann die Keule, das Messer, die Pistole ergreifen, aber auch zum Abel werden und den Friedensgruß anbieten. In den Händen des hl. Franziskus, die von den Wundmalen Jesu gezeichnet waren, können wir uns kein Maschinengewehr vorstellen, wohl aber, wie er mit seinen Händen Brot verteilt.

b) Ein Nagel erinnert an die Wunde der Füße Jesu.

Wir schauen auf unsere Füße: Wir können damit zu Kranken gehen, um Freude zu bringen, aber auch andere damit treten. Wir können damit den einfachen Weg der Masse laufen (»das tun doch alle so«) oder den Weg, den manchmal nur wenige gehen, der aber letztlich freier und froher macht.

c) Der Nagel in der Mitte erinnert uns an Jesu Herz,
das durchbohrt wurde und seitdem für alle Menschen offen steht.

Wir legen die rechte Hand auf unser Herz: Steht es offen für jeden, weil auch Jesus jeden leiden mochte, oder ist es härter als Stein, will es alles für sich selbst haben? Wir geben jetzt jedem die offene Hand, um damit zu zeigen, dass wir es mit jedem in der Gruppe in Frieden versuchen wollen, ob er uns nun mehr oder weniger sympathisch ist.

d) Der oberste Nagel deutet auf die Dornenkrone Jesu.

Wir legen beide Hände auf unsere Stirne und schließen die Augen. In unseren Gedanken fließt alles zusammen: Denken wir an Güte und Frieden oder sind wir wütend und nachtragend?

Wir versprechen jetzt Jesus leise etwas und denken dabei an zu Hause, die Schule oder an unsere Freizeit. –

Stille

Alternativen zum Ganzen

(Falls dieser Treff zu trocken und zu theoretisch erscheint):

Drei bis vier Wochen vor diesem Treff wird Weizen in eine Schale mit Erde gesät, zwei Wochen und eine Woche vorher jeweils nochmal in ein Glas mit Erde. Jetzt sehen die Kinder auch den Weizen »im Sterben« und »Frucht bringen« in der Schale (jedenfalls sieht man die Halme, die später die Frucht tragen; evtl. werden auch trockene reife Halme gezeigt. Bitte auch auf die tiefen Wurzeln hinweisen, die der Weizen bekommen hat und die durch das Glas sichtbar sind).

Oder: Schön ist auch eine Schale nur mit Weizenkörnern. Die Kinder fassen hinein, lassen die Körner durch die Hände rieseln, sie kauen ein paar Körner …

Oder: Die Kinder versuchen, einige Weizenkörner mit Hilfe von Steinen (einer sollte flach sein) mit der Hand zu mahlen. So werden die geistigen Einsichten eindringlicher gemacht.

Oder: Trauben werden in ein Gefäß gelegt; dann mit einem Stößel zerquetschen lassen – absieben – wieder zerquetschen …, bis kein Saft mehr austritt.

Wenn Sie sich zu diesen »handgreiflichen« Anschauungen entschließen, dann streichen Sie aber einiges aus diesem »Treff«, lassen auch das Spiel aus und bringen das »im Schweiße des Angesichtes« gemahlene Mehl und den Saft auf den Altar und sprechen ein Gebet dazu (siehe die Gebete bei der Gabenbereitung der hl. Messe). Am einfachsten ist, Sie nehmen alles in ein abschließendes Mahl hinein (vgl. Vorbemerkungen Nr. 8).

Symbol zum Anheften *(siehe Vorbemerkungen Nr. 7, Seite 10) je nach Akzent:*

Wachsende Weizenkörner oder gespaltener Bambus als Wasserrinne oder Ähre und Traube oder Osterkerze.

Spiel zum Abschluss

1. »Messkoffer packen«

Alle sitzen im Kreis. Die Leiterin beginnt: »Ich packe einen Messkoffer und lege den goldenen Teller hinein.« Das nächste Kind wiederholt den ganzen Satz und fügt einen neuen Gegenstand hinzu: »Ich packe einen Messkoffer und lege den goldenen Teller hinein und eine Bibel!« Bei jedem Kind (mehrere Runden sind möglich) kommt also ein neuer Gegenstand hinzu, der mit den Gewändern des Priesters, der Zubereitung des Kelches und den anderen wichtigen Zubehörteilen zu tun hat (Kreuz, Hostien, Weinflasche etc.).

Es macht noch mehr Spass, das Ganze pantomimisch (d. h. ohne Worte) zu spielen. – Natürlich können bei dem Spiel auch andere Gegenstände eingepackt werden (Brille, Kugelschreiber ...).

2. Detektiv spielen

Zwei bis drei Kinder werden aus dem Raum geschickt, nachdem sie sich diesen (oder die Kleidung der anderen Personen) genau angesehen haben. Während sie draußen warten, macht der verbliebene Kreis aus, welche ca. fünf Gegenstände oder Kleidungsstücke etc. verändert oder getauscht werden. Jetzt wird das erste Kind hereingerufen und soll nun innerhalb von zwei Minuten als Detektiv möglichst viele Änderungen feststellen. Dann versucht es der nächste Detektiv ...

16. Eucharistiefeier als Vergegenwärtigung – »Tut dies zu meinem Gedächtnis!«

Vorzubereiten

Das Kreuz mit den Scherben oder ein anderes Kreuz.

Absicht

Den Kindern verständlicher machen, was es heißt: »Tut das (in der hl. Messe), um mich in eurer Mitte zu spüren.«

Ort

Jeder Raum.

Ablauf

Wir stellen uns vor das Kreuz. »Immer, wenn wir auf das Kreuz schauen, erinnern wir uns daran, was Jesus für uns getan hat: Er liebte uns Menschen so, dass er sein Leben für uns hingab. Aber das ist nicht nur Erinnerung an damals, denn Jesus schenkt sich uns in jeder hl. Messe im verwandelten Brot (und Wein), damit er uns *heute* heilen kann und gegenwärtig ist.«

(Alle setzen sich in einen Kreis, in dem uns auch ein leerer Stuhl an den gegenwärtigen Jesus erinnert. Übrigens ist es angebracht, auch für ein eventuell krankes Kind einen leeren Stuhl hinzustellen, damit es etwas mehr »bei uns« ist; man kann auch seinen Namen auf den leeren Stuhl legen.) Ich lese euch eine Kurzgeschichte vor, damit ihr besser versteht, was mit dem Auftrag Jesu »Tut dies zu meinem Gedächtnis!« gemeint ist:

Es war an der Südküste eines lateinamerikanischen Landes. In einem Fischerdorf wohnte Marco mit seiner Frau Linda und seinen drei Kindern José, Amalio und Lucia. Er war jahrelang Fischer gewesen. Seit einigen Monaten jedoch ist er arbeitslos. Seine Firma, für die er zum Fischfang gegangen war, hatte sich aus dem Dorf zurückgezogen. Man sagte ihm: »Der Fischfang lohnt sich nicht mehr in dieser Küstenregion!«

Der Tag war gekommen, an dem Marco seine Familie verlassen musste, um in der großen Stadt, die tausend Kilometer entfernt vom Dorf lag, eine Arbeit zu finden. Bliebe er im Dorf, so wären die wenigen Ersparnisse bald aufgezehrt gewesen und die ganze Familie hätte dann hungern müssen. Mutter und Kinder waren an dem Tag sehr traurig darüber, dass der Vater so weit wegfahren musste, um für sie das tägliche Brot zu verdienen. Auch Marco, der Vater war traurig, denn er wusste nicht, wann er seine Frau und seine drei Kinder wiedersehen würde. Er dachte den ganzen Tag darüber nach, was er seiner Familie als Andenken hinterlassen könnte, damit seine Frau und die Kinder immer, solange er weg war, an ihn denken würden; und er dachte darüber nach, was er mitnehmen könnte als Erinnerung an seine Lieben.

Es war Abend geworden und alle saßen am Tisch. Jeder wusste, dass dies das letzte Mal war, dass sie zusammen mit Vati das Abendbrot aßen. Es herrschte eine gespannte Stille, jeder wusste warum. Nur die kleine Lucia wagte den Vater zu fragen: »Papa, wenn du morgen wegfährst, schlafe ich dann noch?« »Ja«, sagte der Vater, »denn ich werde sehr früh abreisen. Ich brauche zwei Tage, um mit dem alten Bus in die große Stadt im Norden zu kommen. Aber ich werde bald eine Arbeit finden und eine Wohnung und dann komme ich euch holen, damit wir immer zusammen sind. Ich weiß nicht, wie lange das dauern wird. Ich will von euch ein Andenken mitnehmen. Es soll mich daran erinnern, dass ich euch lieb habe und dass ich bald kommen muss, um euch zu holen. Ich will euch aber auch ein Andenken hinterlassen. Es soll euch daran erinnern, dass ihr mich lieb habt und dass ihr auf mich wartet. »Ich habe nichts«, fuhr der Vater fort, »was ich euch schenken kann. Trotzdem gibt es etwas, das wird uns helfen: Euch – an mich zu denken und mir – an euch zu denken. Wenn ihr zusammen seid und an diesem Tisch euer Brot esst, dann denkt ihr an mich. Und wenn ich in der großen Stadt Brot esse, dann denke ich an euch!«

»Abgemacht!«, riefen die Kinder und obwohl sie den Vater eine Zeit nicht mehr sehen würden, waren sie nicht mehr so traurig, denn sie wussten: Jedes Mal, wenn wir mit der Mutter am Tisch essen, denken wir an Vati und er an uns, bis er kommt, uns zu holen.

Seit diesem Tag hat das Brot den Kindern und der Mutter zu Hause und dem Vater in der Ferne anders geschmeckt.
(nach Leonardo Boff)

(Jetzt kann mit den Kindern erarbeitet werden: So denken wir in jeder hl. Messe an Jesus, der uns einmal zum »himmlischen Mahl« rufen wird. – Aufgrund der Geschichte kann übrigens auch kurz die »Himmelfahrt Christi« anklingen: Jesus ging uns voraus, um uns eine »Wohnung« zu bereiten. – Das Mahl in der Eucharistiefeier ist allerdings mehr als das Mahl der Mutter mit ihren Kindern, indem sie sich an den Vater erinnern und ihn auch ein Stück »gegenwärtig« setzen, denn Jesus schenkt sich wirklich in den verwandelten Gaben: Das *ist* mein Leib, das *ist* mein Blut.)

Alternative zum Ganzen

Die Kinder bringen ein Souvenir mit und erzählen, woran sie das erinnert. Dann wird die Geschichte erzählt. So ähnlich erinnern wir uns in der hl. Messe an das, was Jesus für uns getan hat. Danach kann sich wieder ein kleines Mahl anschließen. (Vgl. Vorbemerkungen Nr. 8)

Symbol zum Anheften: *(siehe Vorbemerkungen Nr. 7, Seite 10)*
Ein gebrochenes Brot.

Zu nebenstehendem Bild,
das kopiert, vergrößert und den Kindern zum Ausmalen mitgegeben werden kann, bitte Folgendes erarbeiten, wenn es Ihnen nicht zu schwierig erscheint:

1. Gott schloss im Zeichen des Regenbogens mit Noach einen Bund, die Menschen nicht mehr zu verderben: Der Bund besteht zwischen Gott und allen Lebewesen (vgl. Gen 9,8–17).

2. Das Schlachten des Lammes beim Paschamahl erinnerte die Israeliten an ihre Befreiung aus Ägypten. Gott bewies seinem Volk seinen Bund und seine Treue.
3. In Jesus Christus, dem »Lamm Gottes«, wurde der »Neue Bund« zwischen Gott und allen Menschen geschlossen.

Das feiern wir im Opfermahl jeder hl. Messe.

In der hl. Messe wird in Christus der Himmel mit der Erde verbunden.

Spiel zum Abschluss

1. »Laufende Hände«
Wir setzen uns um einen Tisch oder in einen ganz engen Kreis. Jeder legt seine Hände vertauscht nach rechts und links auf die Knie bzw. den Tisch, so dass nun vor jedem rechts die linke Hand des rechten Nachbarn liegt und links die rechte Hand des linken Nachbarn (also alle überkreuzt). Jetzt beginnt das Schlagen der Hände auf den Tisch – aber immer der Reihe nach! Es beginnt im Uhrzeigersinn. Konzentration ist deshalb gefragt, weil ja zuerst die rechte Hand des linken Nachbarn drankommt und dann erst meine linke … Wenn jemand zweimal mit der Hand auf den Tisch schlägt, bedeutet das einen Richtungswechsel; sobald jemand wieder zweimal schlägt, wird die Richtung wieder gewechselt. Wer einen Fehler macht, legt seine »Fehlerhand« fort. Ein fröhliches, aber »stilles« Spiel, weil sich jeder konzentrieren muss.

2. »Die Reise nach Jerusalem«
(weil ja in der Kurzgeschichte der Vater eine große Reise antrat): Bei Musik – oder jemand singt ein Lied – geht die ganze Gruppe um aufgestellte Stühle herum, wobei ein Stuhl weniger dastehen muss, als es »Reisende« gibt. Außerdem stehen die Stühle abwechselnd mit der Lehne nach hinten und nach vorne. Wenn die Musik oder das Lied unterbrochen wird, setzen sich alle möglichst schnell hin. Es scheidet der Reisende aus, der keinen Stuhl bekommen hat; dieser nimmt einen der aufgestellten Stühle weg.

17. Jesus nachfolgen –
Das Kreuz als Wegweiser

Vorzubereiten
Jedes Kind erhält ein DIN-A5-Blatt mit Rechenkästchen.
Die Leiterin hat ein DIN-A4-Blatt – aus Sichtgründen.

Absicht
Diese originelle Form, ein Kreuz zu reißen, gibt viele Hinweise für ein Leben als Christ in der Nachfolge.

Ort
Jeder Raum; wir sitzen im Halbkreis.

Ablauf
»Stell dir vor, dieses Blatt in unseren Händen bedeutet unser Leben: Ich kann es zerknüllen und wegwerfen. Ich kann aber auch sehr sorgsam damit umgehen. Die vorgegebenen Kästchen auf dem Blatt drücken aus: Manches in meinem Leben ist vorgegeben, z.B. konnte ich mir nicht das Geburtsland und die Eltern aussuchen; ich muss zur Schule gehen, aber darf noch kein Auto fahren ...

Es kommt darauf an, das Leben als ein Geschenk zu betrachten: Siehst du überall ein Plus oder ein Minus auf dem Blatt (die Leiterin erklärt das u.U. noch genauer)?: Es ist wie mit einer halb gefüllten Flasche. Die einen sagen: ›Sie ist halb voll‹, für die anderen ist sie ›halb leer‹.«

»*Wir falten das Blatt senkrecht in der Mitte.* Das bedeutet: Es kommt im Leben darauf an zu teilen. Wer zu Hause oder in der Schule nur an sich denkt, merkt, wie schnell er aneckt. So muss ich meine Zeit auch mit Schule ›teilen‹, damit ich etwas lerne und später im Leben Arbeit finde. Ich soll auch Zeit für die Familie und für den Gottesdienst abzwacken. Ebenso muss ich das Teilen mit Ärmeren lernen. In welchem Überfluss lebe ich da: Was alles in meinem Zimmer, das einmal teuer angeschafft wurde, liegt jetzt unbenutzt herum? Jesus sagt: ›In jedem Armen und Kranken darfst du mich sehen.‹«

Lied: Jesus wohnt in unserer Straße (»Troubadour« 7)

»*Wir falten das obere Drittel des Blattes nach unten.* Das will heißen: Ich darf auch einige Stunden an mich denken. Meinem Hobby nachgehen, spielen, Entspannung suchen, Fernsehen gucken; das tun, was mir Freude macht. Denn dann bin ich zufriedener und nicht aggressiv.

Wir reißen den äußeren Rand ab. Ich mache es vor! Die gefaltete Kante ist links. Ich reiße ca. 1 cm unter der oberen Kante das Papier ab; dabei nach unten – entlang der gefalteten Kante – etwas breiter werden.

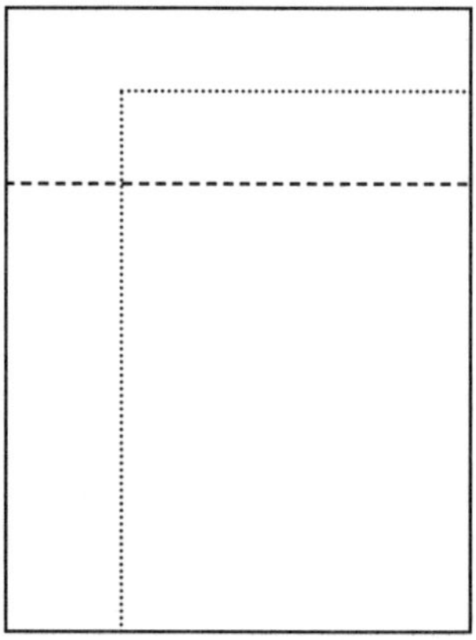

Das um ein Drittel heruntergefaltete Blatt: - - - - - -
Der gepunktete Teil wird ausgerissen, oben schmäler als an der linken Seite nach unten.

Jetzt versucht es einmal selbst! *(Behilflich sein!)*

Bitte das Papier noch nicht auseinander falten und das abgerissene Papier nicht fallen lassen. Steckt es umweltfreundlich in die Tasche oder den Strumpf! Wer einfach alles wegwirft, erstickt die Umwelt.

Jetzt entfaltet das Papier! – Wir erkennen ein Kreuz. **Unser** Kreuz! Es ist anders als das deines Nachbarn. Schau einmal zur Seite. Jedes Kreuz ist anders und jeder muss *sein* Kreuz und seine Sorgen tragen.

Jesus sagt: ›Nimm dein Kreuz auf dich und gehe hinter mir her. Dann machst du es richtig!‹ (Lk 9,23).

Eine Geschichte erzählt: Einem Menschen war im Traum auf seinem langen Weg sein Kreuz zu schwer. Er sägte daher kurzerhand ein Stück ab. Schließlich erreichte er einen tiefen Abgrund. Nirgendwo eine Brücke oder ein Steg. Und auf der anderen Seite winkten Freude, Friede und alle Freunde. Er versuchte sein Kreuz über den Abgrund zu legen – wie die anderen auch, die mit ihm unterwegs waren. Aber es fehlte genau das Stück, das er abgesägt hatte. Da stand er betroffen und verzweifelt.

Was will die Geschichte sagen? Es gibt Kreuze, da kann man was ändern, um sie zu erleichtern. Es gibt auch welche, die muss man einfach hinter Jesus hertragen; dann werden sie etwas leichter! Jesus hat aus Liebe zu uns sein Kreuz auch nicht weggeworfen. Er fiel dreimal darunter, ist aber auch immer wieder aufgestanden und weitergegangen. Das feiern wir in jeder Messe: Jesus will uns tragen helfen – mit seinem frohen Wort und mit seinem lebendigen Himmelsbrot.«

Die gerissenen Kreuze können jetzt alle auf ein Blatt oder eine Zeit lang auf das Zimmerkreuz geheftet werden.

Symbol zum Anheften *(siehe Vorbemerkungen Nr. 7, Seite 10):*
Ein gerissenes Kreuz.

Spiel zum Abschluss

1. Partnerwettkampf

Je ein/e SpielerIn aus zwei Mannschaften stehen sich mit leicht gespreizten Beinen im Abstand von 1 m gegenüber. Nur die Handflächen berühren einander in Brusthöhe. Durch Drücken oder Wegziehen der Hände – auch Täuschungsmanöver sind erlaubt – wird versucht, den Gegenüber aus dem Gleichgewicht zu bringen: Sobald er einen Fuß fortbewegt oder nach vorne fällt oder sich am anderen festhält, hat er verloren und damit auch einen Punkt für die Mannschaft.

2. Zaubern

Alle bewegen sich durcheinander. Die Leiterin als Zaubererin ruft, etwas erhöht, die Zauberformel: »Simsalabim, ich verzaubere euch alle in wilde Motorradfahrer beim Rennen!« Sie kann sie irgendwann erlösen und verwandelt die Kinder in etwas anderes: in Roboter, Affen, Elefanten, Flugzeuge, Schmetterlingsfänger, Strandsucher, Waldläufer, Wünschelrutengänger etc. Es ist reizvoll, nach einiger Zeit einzelnen Kindern selbst die Zaubererrolle zu überlassen.

3. Torwächterspiel

Alle stehen breitbeinig im Kreis, sodass sie die Füße des Nachbarn berühren. Ein Spieler steht in der Mitte des Kreises mit einem Tennisball: Er darf sich nicht näher als ca. 1,50 m dem Kreis nähern. Er versucht, den Ball durch die Beine eines Mitspielers zu rollen, soll dabei auch Täuschungsmanöver machen. Die im Kreis versuchen blitzschnell, die Füße zu schließen. Wer den Ball durchlässt, muss in die Mitte.

18. Vaterunser – Aufmerksamkeit beim Tischgebet

Absicht

Wie beim 6. Treff die Kinder erfahren lassen: Wir können viel »wacher« beten, wenn unser Körper einbezogen wird.

Ort

Jeder Raum.

Ablauf

1. Eine kurze Erzählung dient als Hinführung zu der Erfahrung: Das Vaterunser bezeichnen wir zwar als das schönste Gebet, weil Jesus es uns selbst gelehrt hat, aber es ist auch ein schwieriges Gebet, bei dem die Gedanken abschweifen können.

Ein Missionar versprach bei seiner Predigt über das »Gebet des Herrn« dem Zuhörer, der es von der ersten bis zur letzten Silbe ganz andächtig und konzentriert sprechen könne, sein Pferd. Es meldete sich auch ein Eingeborener und begann: »Vater unser im Himmel …« Als er bis zur Bitte gekommen war »wie auch wir vergeben unsern Schuldigern«, unterbrach er sein Gebet und fragte den Missionar: »Bekomme ich auch Sattel und Zaumzeug dazu?«

2. Damit unsere Gedanken nicht so leicht abschweifen, zeige ich euch eine Weise, in der wir Kopf, Hände und Arme und damit unseren Körper mitbeten lassen. Wenn wir es einige Male geübt haben, werden wir Freude an dieser Art gewinnen. Ich zeige euch die Gesten. (Zunächst können die vorgemachten Gesten von den Kindern selbst erklärt werden; erst, wenn sie nicht weiter wissen, kann die Leiterin sie ausdeuten.)

TEXT	GESTIK	ERKLÄRUNG
Vater unser im Himmel,	Wir legen die Hände zusammen wie üblich beim Beten.	Jetzt soll uns nichts mehr ablenken, auch die oft unruhigen Hände nicht mehr: Wir legen sie zum Beten zusammen.
geheiligt werde dein Name.	Wir strecken die Arme und Hände der Sonne Gottes entgegen (das »seraphische Beten« wie bei Franz von Assisi, vgl. 6. Treff, allerdings etwas eingeschränkt: Wir halten die ausgestreckten Hände rechts und links vor den Kopf, um nicht die Hände der Nachbarn zu berühren.)	Von Gott, dem Heiligen und Erhabenen, haben wir Geschöpfe alles empfangen.
Dein Reich komme.	Wir zeigen mit den Händen auf unsere Brust.	Was Gott uns schenken will, soll auch wirklich in unser Inneres und in unsere Welt kommen.
Dein Wille geschehe,	Wir nicken einmal bejahend mit dem Kopf.	Ja! *Dein* Wille geschehe und nicht mehr.
wie im Himmel so auf Erden.	Wir zeichnen mit den Händen von oben nach unten einen Kreis.	Der Kreis ist Zeichen für Gott. Wenn Gott überall für uns da ist, dann ist er nicht nur oben. Der Kreis umfasst also unser ganzes Weltall.

TEXT	GESTIK	ERKLÄRUNG
Unser tägliches Brot gib uns heute.	Wir halten die Hände als Bettler wie leere Schalen vor uns.	Gott soll unsere Hände füllen, damit wir mit denen teilen können, die wenig oder nichts haben.
Und vergib uns unsere Schuld,	Wir verneigen leicht den Kopf und drücken beide Fäuste an die Brust.	Wir machen uns klein vor Gott und bitten um sein Erbarmen.
wie auch wir vergeben unsern Schuldigern.	Wir strecken beide Hände nach vorne, quasi wie bei einem doppelhändigen Friedensgruß.	Wir geben die Barmherzigkeit Gottes weiter: Wir ballen keine Faust, sondern bieten den Frieden mit offenen Händen an, in denen keine Waffe verborgen ist.
Und führe uns nicht in Versuchung,	Wir legen unsere Hände beide auf den Rücken.	Wir wollen uns nicht vergreifen an dem, was uns nicht gehört, ob es Dinge oder Personen sind.
sondern erlöse uns von dem Bösen.	Wir drücken langsam mit unseren Händen all das von uns fort, was uns bedroht.	Das Böse kann uns bedrohen im Egoismus, in Unglück und Krankheit, ja in Katastrophen bis hin zur Strahlenverseuchung (aber siehe oben: Dein Wille geschehe, wenn es uns trifft).
Denn dein ist das Reich und die Kraft und die Herrlichkeit in Ewigkeit. Amen.	Wir halten einander an den Händen, so dass ein großer Kreis entsteht, der keinen ausschließt.	In der Gemeinschaft des Himmels erwartet uns ein Glück, das uns Hören und Sehen vergehen lässt! Dort wird keiner mehr ausgeschlossen, der dazu gehören will.

Wenn der Ablauf klar ist, *singen* wir das Gebet *langsam* auf die übliche Melodie des Vaterunsers der heiligen Messe. Es ist wichtig, dass wir es langsam singen, denn so gehen alle Bewegungen ruhig und harmonisch ineinander über und lassen unserem Inneren genügend Zeit, alles aufzunehmen und mit Sinn zu füllen. In der hl. Messe kann danach mit Blick auf die Kinder und weniger auf die Vorschriften sofort der Friedensgruß erfolgen. Wir halten die miteinander verbundenen Hände nach oben und schütteln sie wie beim Friedensgruß, während der Priester sagt: »Der Friede des Herrn sei allezeit mit euch!« und wir antworten: »Und mit deinem Geiste!« (Letzteres heißt in etwa: Das wünschen wir dir auch!)

Alternativen

1. Wir stehen während des gesprochenen Vaterunsers wie Bettler vor Gott, denn wir sprechen ja die sieben wichtigsten Bitten aus, die es gibt, und halten dabei unsere Hände wie leere Schalen vor uns.
2. Wir sprechen oder singen das Gebet, indem wir durch die Hände untereinander wie in einer großen Familie verbunden sind: Vor dem einen Vater des Himmels und der Erde sind wir ja untereinander wie Brüder und Schwestern.
3. Wir reichen uns die Hände und halten sie während des ganzen Gebetes über unsere Köpfe: Jeder soll sehen, dass wir in Gott untereinander verbunden sind. Jeder kann uns darauf ansprechen. (So beten die Christen z. B. in Südamerika oder auf den Philippinen das Vaterunser.)

Da in der Regel die Kinder im zweiten Teil der hl. Messe in ihrer Aufmerksamkeit bereits erlahmen, kann das Vaterunser durchaus dazu dienen, sie wieder »zurückzuholen«. Dabei sollte mit den oben beschriebenen Methoden gewechselt werden. Erfahrungsgemäß lieben Kinder das zuerst beschriebene Vaterunser am meisten, weil hier ihr Bewegungsdrang am ehesten gestillt wird.

Symbol zum Anheften *(siehe Vorbemerkungen Nr. 7, Seite 10):*
Das Wort »Vaterunser« in bunten Buchstaben.

Spiel als Abschluss

1. »Ja-Nein«-Stühle

An zwei Stühlen, die vor zwei Mannschaften hingestellt werden, klebt an dem einen ein JA, an dem anderen ein NEIN. Alle Spieler der beiden Mannschaften erhalten je eine 1, 2, 3 …, so dass immer zwei gegeneinander kämpfen. Die Spielleiterin nennt zunächst eine Zahl und dann die Frage. Wer sich zuerst auf den richtigen Platz setzt, holt einen Punkt für seine Mannschaft.

Über ganz normale Fragen wie »Ist die Banane krumm?«, »Ist Köln größer als New York?« können Dinge aus allen Bereichen wie Sport, Erdkunde, Biologie, Politik, Film … erfragt werden. Wir sollten aber religiöse Fragen nicht aussparen wie z. B. »Trägt der Priester im Advent ein grünes Messgewand?«, »Gehört zum Aufbau des Kelches auch die Stola?« etc.

2. »Montagsmaler«

(bzw. den Tag einsetzen, an dem der Treff stattfindet. – Bezug zur Zeichensprache des Vaterunsers: Unsere Gesten sind auch sonst eine Sprache, mit der wir uns mitteilen können.)

Jede der eingeteilten Gruppen schickt einen Vertreter zur Leiterin. Sie zeigt beiden gleichzeitig dasselbe Wort. Die Vertreter laufen schnell zu ihrer Gruppe und zeichnen den Begriff in die Luft oder auf Papier; dabei darf der Zeichner natürlich nichts flüstern … Sobald die Kleingruppe glaubt, den Begriff erraten zu haben, ruft sie die Lösung laut in den Raum. Hat sie das richtige Wort gefunden, notiert sich die Leiterin, welche Gruppe den Punkt geholt hat. – Wörter, die von der Kleingruppe zu erraten sind (wieder mit weltlichen und religiösen Begriffen abwechseln): Kelch, Spinne im Netz, Patene, Sonnenuntergang, Hahn auf dem Kirchturm, Fußballtor, Messbuch etc.

19. Der Friedensgruß –
Friedensbereitschaft als Vorbedingung zur hl. Kommunion

Vorbemerkung
Diese Stunde sollte möglichst wieder der Priester übernehmen.

Vorzubereiten
Grundriss einer Kirche, wenn eine Kirchenbesichtigung schwierig ist.

Absicht
Den Kindern verdeutlichen, dass die Bereitschaft, einander Frieden und Versöhnung zu schenken, Vorbedingung zur hl. Kommunion ist – nicht nebensächlicher Akzent.

Ort
Möglichst in der Kirche.

Ablauf

1. Wir bezeichnen uns am Eingang der Kirche mit Weihwasser als Erinnerung an unsere Taufe, an unser »Eingetauchtsein« in Gott. Wir betrachten dabei das Kreuz: Es hat einen *Längsbalken* (= mach dich auf die Suche nach Gott – hinter all dem Sichtbaren) und es hat einen *Querbalken* (= mach dich auf die Suche nach dem, der neben dir steht, nach dem Nächsten, besonders nach dem in Not. »Schau mal zur Seite, dann siehst du die Pleite«, heißt es in einem Lied).

Das Kreuz fasst also das Hauptgebot Jesu kurz und gut zusammen: Du sollst Gott lieben (= Längsbalken) und den Nächsten (= Querbalken) wie dich selbst (= in Gott und im Nächsten treffe ich auch meine Mitte. Und umgekehrt: Ich kann nur meine Mitte treffen, wenn ich Gott und den Nächsten dabei nicht übersehe. Das verstehen aber erst Menschen, die sich ihrer Individualität bewusst sind!).

2. Auf einem Kreuz als Grundriss ist jede Kirche gebaut, auch wenn bei größeren Kirchen noch Seitenschiffe hinzukommen. – Jetzt gehen die Kinder einmal diesen Grundriss ab. Zunächst der »Längsbalken«: Er führt sie geradewegs zur »Mitte«, zum Altar oder Tabernakel. Hier sprechen wir ein kurzes Gebet. Dann suchen wir den »Querbalken« des Kreuzes in der Kirche. Hier kann auch leicht auf das Fundament der Kirche = Christus = Altar hingewiesen werden. Darauf stehen die zwölf »Säulen« der Apostel: Die zwölf Kerzen an den Säulen oder in den Wänden weisen auf sie hin. Wir alle, nämlich die Getauften versinnbildlichen die »lebendigen Steine« der Kirche. Auf jeden kommt es an, wenn es nicht »hineinregnen« und ungeheurer Schaden entstehen soll.

(Alternative: Ein großer Grundriss der Pfarrkirche oder einer bekannten Kirche steht vor dem Altar. Die Kinder dürfen die wichtigsten Linien mit den Fingern nachfahren.)

3. Die hl. Messe ist auch in ihrem Aufbau wie ein Kreuz. Wir schauen in ihr dem »Längsbalken« entlang auf den Altar und auf den Priester, der Jesus vertritt. Aber an einer Stelle wird der »Querbalken« des Kreuzes unübersehbar vor unsere Augen gestellt: Im »Friedensgruß« vor dem Empfang der hl. Kommunion. Wir geben uns dieses versöhnende Zeichen untereinander, bevor Jesus uns im Empfang des verwandelten Brotes im Leib Christi mit Gott verbinden kann. Schon im Bußakt (vgl. 7. Treff) und im Vaterunser wurden wir auf diese entscheidende Blickrichtung hingewiesen: »Vergib uns unsere Schuld wie *auch wir* vergeben unseren Schuldnern!« (Hier ist ein Hinweis auf das Gleichnis vom unbarmherzigen Gläubiger [Mt 18,23–35] angebracht: Weil der Knecht seinem Schuldner gegenüber so hartherzig war, macht der König sein großzügiges Geschenk wieder rückgängig.) Jesus kann uns also nur mit seinem Vater verbinden, wenn wir bereit sind, den Stromkreis seiner Gnade in der Versöhnungsbereitschaft zu unseren Mitmenschen fließen zu lassen.

4. Hier kann folgende Kurzgeschichte vorgelesen werden, die aufzeigt, wie schnell Unfriede und Verstimmung möglich sind, obwohl alle guter Absicht waren. Dazu setzen wir uns irgendwo auf den gedachten »Querbalken« im Grundriss der Kirche.

Erst, wenn wir einander die Hände reichen,
fließt der Stromkreis der Liebe Gottes.

»Friedensfest«

In der Klasse 4a schweben wunderschöne Friedenstauben aus weißem Papier vor den Fenstern. Jedes Kind hat eine gebastelt. An der Türwand hängen Kriegsgeschichten und Kriegsbilder. Die sind schrecklich. An der Fensterwand hängen Friedensgeschichten und Friedensbilder. Die sind wunderschön. Auf der Tafel steht:

Die 4a plant ein Friedensfest, mit Gedichten und Liedern, mit Essen und Trinken. Alle Eltern sind eingeladen. In der Schulküche haben die Kinder Friedenstauben aus Mürbeteig gebacken. Jeder Gast wird eine bekommen.

Die Tür geht auf. Klaus kommt herein. Der Klaus aus der 4b. Mit ihm kommt ein Windstoß, weil ein Gangfenster und ein Klassenfenster offen sind. Die Friedenstauben beginnen zu schwanken. Die dünnen Fäden verheddern sich. »Tür zu!«, schreit einer. Klaus steht und schaut. »Tür zu!« Klaus guckt noch verwirrter und tut nichts. Florian schiebt ihn zur Seite und knallt die Tür zu. Klaus stupst Florian. Florian stupst Klaus. Ein paar Kinder versuchen, die Tauben zu entwirren. Eine Papiertaube reißt ein, dann eine zweite und eine dritte.

Harry geht auf Klaus zu. Seine Daumen stecken im Gürtel. Er ist ziemlich zornig. Klaus hebt die Ellbogen vors Gesicht. »Was habt ihr denn?«, fragt er. »Wir machen Frieden, du Trottel!«, brüllt Harry.

(Renate Welsh, »Frieden fängt zu Hause an«, Geschichten zum Lesen und Weiterdenken, Hrsg. Jutta Modler, Verlag Herder, Wien 1989, 5. Auflage)

5. Wir stellen uns im Halbkreis um das Kreuz, halten einander an den Händen und singen das Vaterunser als Zeichen unseres guten Willens, den Frieden untereinander immer wieder neu zu wagen.

Alternative zur Kurzgeschichte unter Punkt 4:

1. »Die Brücke«

Zwei verfeindete Kinder stehen sich plötzlich beim Bau einer Furt über eine große Wasserlache gegenüber. (Vgl. »Kurzgeschichten 2«, Nr. 135.)

2. »Das Zwillingsbrot«

Ein Rabbi (= jüdischer Lehrer) reicht zwei Freunden beim Sabbatmahl (Sabbat = Samstag, der »Sonntag« der Juden) erst wieder die beiden aneinander haftenden Zwillingsbrote, nachdem sie alle Unstimmigkeiten zwischen sich ausgeräumt haben. (Siehe »Kurzgeschichten 4«, Nr. 74.)

Symbol zum Anheften *(vgl. Vorbemerkung Nr. 7, Seite 10): Angedeuteter Grundriss der Pfarrkirche. (Zur Erinnerung ab und zu einige oder alle »Symbole« abnehmen und mit Erklärungen der Kinder wieder aufheften = Wiederholung.)*

Alternative zum Ganzen

Wir beginnen mit einem Rollenspiel »Streit und Versöhnung«. Dann auf das Kreuz überleiten. (Die Kurzgeschichte kann entfallen.) Der Treff klingt in einem Mahl aus, bei dem auf die friedvolle Atmosphäre geachtet wird (vgl. Vorbemerkungen Nr. 8, Seite 10).

Spiel als Abschluss

(Beide Spiele zeigen, wie wichtig es ist, wenn alle gut zusammenhalten. Vgl. auch 24. Treff.)

1. Löffel-Stafette

Es werden zwei Löffel benötigt, an denen eine lange Kordel befestigt ist. Die Kinder stehen sich in zwei Stafetten gegenüber. Der Löffel mit der langen Schnur muss von oben nach unten (oder umgekehrt) durch die Kleidung gedrückt werden. Kommt er unten heraus, spaziert er beim nächsten Kind oben wieder hinein. Sieger ist das Team, bei dem der Löffel zuerst durchgesteckt ist. – Das Interessante bei dieser Stafette ist, dass alle Kinder beim Nachziehen der Schnur während des ganzen Spiels beschäftigt sind. Bei der Wiederholung spaziert der Löffel umgekehrt.

2. Tütenknallen

Auf zwei Stuhlreihen werden Papiertüten gelegt, auf die alle Kinder, die in zwei Gruppen aufgeteilt sind, sich setzen. Auf »Los!« laufen die ersten Kinder jeder Reihe zunächst um ihre Stuhlreihe herum, pusten dann die Tüte auf und bringen sie zum Platzen. Sobald es knallt, läuft der nächste Spieler los. – Tüten knallen zu lassen, ist geeigneter als Luftballons, vor deren Knallen manche Kinder Angst haben.

20. Brechung des Brotes –
Das Brot miteinander teilen

Vorbemerkung

Schön wäre es, wenn nach Vorankündigung die Kinder bereit und die Eltern damit einverstanden sind, an diesem Tag auf das Mittagessen zu verzichten und sozusagen »ausgehungert« zum Treff zu kommen. Dann könnte die Ungerechtigkeit der Güterverteilung in der Welt aufgezeigt werden, indem ein winzig kleiner Teil des Brotes für den Großteil der Gruppe abgeteilt wird und ein Kind den größten Teil des Brotes ganz alleine bekommt. Außerdem würden die Kinder viel besser verstehen, dass »gerecht teilen« auch mehr Friedensgesinnung in dieser Welt bedeutet.

Vorzubereiten

Alle Zutaten, um ein nicht zu großes, flaches Brot zu backen. Alternativ ein fertiges Brot. Traubensaft in ausreichender Menge. – Während das Brot backt, könnten – wie bei einem Erntedankteppich – Symbole wie Anker, Herz, Kreuz, Kelch, Hostie etc. aus Nüssen, Hagebutten, Kastanien, Rosinen, Mandeln, Steine ... gelegt werden, um den Tisch schön zu decken. Oder es wird möglichst eine runde Tischdecke auf dem Boden ausgebreitet und die Symbole als Tischschmuck daraufgelegt. Danach setzen sich alle im Schneidersitz davor. – Das wäre später auch ein guter Überstieg zum ersten Spiel: Symbole mit Streichhölzern stecken.

Absicht

Den Kindern erklären, dass nicht nur die Friedensbereitschaft, sondern auch der Wille, diesen Frieden durch »Brotbrechen« (= Teilen) in die ganze Welt hinein spürbar werden zu lassen, uns aufgetragen ist, wenn wir uns in der hl. Kommunion mit Christus verbinden.

Ort

Jeder Raum.

Ablauf

1. Wir machen uns wiederum klar: Brot ist nur möglich, wenn viele Weizenkörner »sterben«. Auch für den Traubensaft haben viele Trauben »ihr Leben« geopfert. (Kinder noch einmal diese Gedanken aus Treff 15 erklären lassen).

2. Die Gruppenleiterin bricht – wie früher der Hausvater für alle Familienmitglieder – das Brot für die Gruppe und weist dabei darauf hin, dass auch der Priester vor der Austeilung der hl. Kommunion die große Hostie bricht. Ein alter Name für die hl. Messe ist »Brotbrechung«. Auch Jesus brach das Brot, um es mit seinen Freunden zu teilen. Bei der wunderbaren Brotvermehrung teilte Jesus auch das Brot und so viele wurden satt! Das weist uns auf den Frieden hin, der erst in die Welt kommt, wenn wir mehr Brot teilen. Wo man sich nicht satt essen kann, wird auch kein Frieden sein!

Im Urchristentum brachten die reicheren Christen zum »Herrenmahl«, zu dem der »Herr« einlud, so viel zu essen mit, dass in der anschließenden »Agape« sich auch die Ärmeren satt essen konnten.

(Um die oben angesprochene ungerechte Güterverteilung aufzugreifen, kann die Leiterin zunächst sehr ungleich das Brot verteilen und die Kinder darüber diskutieren lassen.)

3. Während die Kinder nun essen und trinken, liest die Gruppenleiterin eine Kurzgeschichte vor, in der gut verständlich wird, wie viel Liebe im geteilten Brot stecken kann:

Das »geteilte« Brot

Als der Arzt Professor Dr. Breitenbach gestorben war, gingen seine drei Söhne daran, das Erbe ihres Vaters getreu seinem letzten Willen unter sich zu verteilen. Da waren alte, noch handgeschnitzte Eichenmöbel, schwere Teppiche, kostbare Gemälde. Und dann war da noch eine Vitrine, ein schmaler, hoher Glasschrank mit vergoldeten Füßen und geschliffenen Scheiben. In diesem Schrank waren Erinnerungsstücke aufbewahrt. Behutsam wurde Stück um Stück herausgenommen. Als die Brüder das unterste Fach öffneten, stutzten sie. In grauem Seidenpapier eingewickelt, lag da ein ziemlich großes, hartes Stück. Was kam zum Vorschein? – Ein steinhart gewordenes halbes Brot!

Die alte Haushälterin erzählte den erstaunten Söhnen die Geschichte dieses Brotes: In der großen Notzeit nach dem ersten Weltkrieg (1914–1918) war der alte Herr einmal schwer krank gewesen. Zu der Erkrankung war ein allgemeiner Erschöpfungszustand getreten, so dass die behandelnden Ärzte etwas von kräftiger Nahrung murmelten und dann entmutigt die Achseln zuckten. Gerade in jener kritischen Zeit hatte ein Bekannter ein halbes Brot geschickt.

So sehr sich der Professor auch über diese Gabe freute, aß er sie doch nicht. Er wusste, dass im Nachbarhaus die Tochter des Lehrers krank war und Hunger litt. Er sagte damals: »Was liegt schon an mir altem Mann, das junge Leben dort braucht es nötiger«, und so musste die Haushälterin das halbe Brot den Lehrersleuten bringen.

Wie sich später herausstellte, hatte auch die Lehrersfrau das Brot nicht behalten wollen, sondern an eine alte Witwe weitergegeben, die in einer Dachkammer ein Notquartier gefunden hatte. Aber auch damit war die seltsame Reise des Brotes noch nicht zu Ende. Die Alte trug es zu ihrer Tochter, die nicht weit von ihr mit ihren beiden Kindern in einer Kellerwohnung Zuflucht gefunden hatte.

Diese Tochter wieder erinnerte sich daran, dass ein paar Häuser weiter der alte Arzt krank war, der eines ihrer Kinder kürzlich bei schwerer Krankheit behandelt hatte, ohne etwas dafür zu verlangen. Sie nahm das halbe Brot unter den Arm und ging damit zur Wohnung des Doktors.

Wir haben es sogleich wiedererkannt, schloss die Haushälterin. Als der Herr Professor das Stück Brot wieder in den Händen hielt und von dessen Wanderung hörte, war er tief bewegt und sagte: »Solange noch diese Liebe unter uns ist, habe ich keine Furcht um uns.«

Das Brot hat er nicht gegessen. Vielmehr sagte er zu mir: »Wir wollen es gut aufheben und wenn wir einmal kleinmütig werden wollen, dann müssen wir es anschauen.«

Als die Haushälterin geendet hatte, schwiegen die drei Brüder lange Zeit. Endlich sagte der älteste: »Ich denke, wir sollten das Brot unter uns aufteilen. Jeder mag ein Stück davon aufbewahren zum Andenken an unseren Vater und zur Erinnerung an jene verborgene Kraft, die den Menschen auch in der bittersten Not nicht verlässt.«

(nach »Das halbe Brot« von Günther Schulze-Wegener, nacherzählt von Heiner Hägele in Ev. Kinderkirche 3/82, S. 257 f, Verlag Junge Gemeinde, Stuttgart)

4. Das Brotbrechen in der hl. Messe weist uns darauf hin, dass wir alle ein Leib in Christus sind und alle Teile der Welt in der einen Kirche geeint werden sollen. – Das Vermischen des kleinen gebrochenen Brotstückchens mit dem Wein weist auf Christus hin, dessen Leib ja aus Fleisch und Blut besteht.

Alternativen zur Kurzgeschichte

Wenn Sie meinen, dass bei dieser Geschichte der Funke nicht überspringen wird, bringen Sie Bilder von hungernden Kindern mit und lassen die Kinder darüber sprechen.

Das »Brot des Glücks« ist das geteilte Brot – wie der suchende Prinz herausfindet. – Siehe »Kurzgeschichten 4«, Nr. 73.

***Symbol zum Anheften** (siehe Vorbemerkungen Nr. 7, Seite 10):*
Ein Brot auf einem Tisch.

Spiel zum Abschluss

1. Symbole stecken
Die Leiterin hat genügend Streichhölzer (oder Kieselsteinchen oder Fichtenzapfen) besorgt, die die Kinder einzeln oder in kleinen Gruppen in Knete oder feuchten Sand stecken. Dabei sollen eucharistische Symbole dargestellt werden, z. B. die Hostie über dem Kelch; die Weintraube; Brot und Fisch; Glaube, Hoffnung und Liebe (= Kreuz, Anker, Herz); schwieriger: Pelikan und Lamm (vielleicht eine Vorlage hinlegen); aber auch sonstige Zeichen, die schon bei den Treffs vorkamen, z. B. kommunizierende Röhren, Sonne mit Strahlen, Taufbrunnen etc.

Wenn die Leiterin es für angebracht hält, kann sie den Kindern den Hinweis geben, die Hölzchen so eng zu stecken (nicht zu eng!), dass am Ende gezeigt wird, wie »ein Funke überspringen« kann, d. h. die Streichhölzer werden an einer Stelle angezündet und »die Botschaft springt über«.

2. Wer ist stärker?

Zwei gleich große und annähernd gleich starke Kinder stehen Rücken an Rücken und werden über der Brust und an den Beinen fest zusammengebunden. Jeder versucht nun, in seiner Richtung bis zu einer gezogenen Ziellinie vorzugehen.

21. Kommunion – Ein Brot, das verändert

Vorzubereiten
Eine gewählte Kurzgeschichte zur Hand haben (siehe unten).

Absicht
Den Kindern nahe bringen, dass uns Jesus im Brot verändern kann, wenn wir uns beim Empfang für Ihn öffnen.

Ort
Jeder Raum.

Ablauf
Die Leiterin beginnt mit der Frage: »Was geschieht, wenn einer fünf lange Weißbrote vor eine ausgehungerte Menschenmenge hinlegt?« – Sie stellt die Frage nur rhetorisch, wartet eine Weile und liest dann folgende Kurzgeschichte vor:

Eucharistiefeier im Slum
Die Leute warten geduldig unter freiem Himmel. Sie stehen im Schlamm, die meisten von ihnen ohne Schuhe. Manche Kinder mit eitrigen Wunden müssen unaufhörlich mit den Händen wedeln, um aufdringliche Schwärme Fliegen von sich fernzuhalten.

Als der Priester kommt, winken sie ihm zu. Die Kinder rufen: »Padre, Padrecito!« Das heißt »Vater, Väterchen!« Sie mögen ihn, weil er sich bemüht, ihnen, den Machtlosen, den Habenichtsen, zu helfen.

Er hat fünf lange Weißbrote mitgebracht. Zwei Männer tragen einen alten, wackligen Tisch aus einer Hütte und stellen ihn vor den Priester in den Schlamm. Er legt die Brote darauf. Niemand stiehlt sie ihm, obwohl alle, die auf ihn gewartet haben, hungrig sind.

Der Priester liest die Messe. Die Leute um ihn herum singen, sprechen im Chor, hören seinen Worten andächtig zu. Ach ja, lieber Gott, vergiss uns nicht, auch wenn wir nicht sauber, satt und weiß gekleidet in Villen wohnen. Es ist nicht unsere Schuld. Wir wären auch gern reich. Sei uns nahe, lieber Gott. Deine Nähe haben wir besonders nötig.

»Das ist mein Leib«, sagt der Priester und hebt eines der Brote in die Höhe, so dass es alle sehen können. Es ist gesegnetes Brot, Gottes Brot, duftendes Brot.

Dann reicht er es in die Menge, ein Brot nach dem anderen. Jemand bricht es durch, der Nächste teilt auch die Hälfte noch einmal. Die Hälften werden halbiert, geviertelt, geachtelt, gesechzehntelt, die Teile werden immer kleiner, wandern von Hand zu Hand in alle Richtungen, werden andächtig in den Mund geschoben, mit geschlossenen Augen lange gekaut. Keiner bestiehlt den anderen, niemand erobert sich mit Gewalt ein halbes Brot und rennt damit fort. O nein, hier herrscht Geschwisterlichkeit, man gönnt dem anderen so viel wie sich selbst.

Gott ist im Brot. Auch wenn es nur ein ganz kleines Stück ist, ein Fetzen Kruste. Für viele, die die Messe mitgefeiert haben, ist es die einzige Nahrung an diesem Tag.

(Gudrun Pausewang, Rechte bei der Autorin, gefunden in »Erzählbuch zum Glauben, Bd. 4, Wort und Sakrament«, Kaufmann/Patmos 1989, S. 451f. Anfang verkürzt.)

(Anmerkung: In dieser Geschichte wird das eucharistische Brot auch zur einzigen Nahrung für den Körper. Im Urchristentum war die »Agape«, bei der sich alle satt essen konnten, von der vorhergehenden Eucharistiefeier abgesetzt.)

Danach erarbeitet die Leiterin, warum es so »diszipliniert« zugeht: Christus im Brot verändert die Menschen, die sonst durchaus bereit sind, aus Überlebensnot zu stehlen und zu überfallen.

Dieses Brot hat die Christen zu allen Zeiten verändert! So steht in einem Buch des Neuen Testamentes: »Die Gemeinde der Gläubigen war ein Herz und eine Seele. Keiner nannte etwas von dem, was er hatte, sein Eigentum, sondern sie hatten alles gemeinsam … Es gab auch keinen unter ihnen, der Not litt …« (Apg 4,32ff).

Wer durch dieses »Brot des Himmels« Jesus in sich aufnimmt, der wird gestärkt und geformt. Aus dieser Kraft heraus haben besonders Märtyrer und Heilige Übermenschliches gewirkt. (Hier können Beispiele erzählt werden.)

Alternative dazu

ist die bekannte Kurzgeschichte von Heinrich A. Mertens, Brot in deiner Hand: Ein wütender Vater will mit einer Eisenstange in der Hand in den Bäckerladen stürzen, um damit auf seinen Sohn einzuschlagen. Aber das zuerst mit ihm und dem Bäcker gegessene Brot lässt ihn zur Besinnung und zur Versöhnung kommen. (Siehe »Kommuniongeschichten«, S. 31–33)

Wenn schon normales Brot und die Persönlichkeit dieses Bäckers so viel vermag, wieviel mehr verwandelt dann erst das eucharistische Brot!

Alternative zum Ganzen

Wir hören das Märchen von einem glücklichen Prinzen, der mit Jesus verglichen werden kann, weil dieser Prinz sich ganz hingab (wie der Pelikan, von dem wir schon gehört haben). Auch Jesus opferte sich ja ganz, ja, lässt sich heutzutage noch aufessen wie Brot – wenn wir seinen Leib empfangen. – Jetzt liest die Leiterin »Das Märchen vom reichen Prinz und der Schwalbe« vor. (Nach Oscar Wilde, Der glückliche Prinz. – Verkürzt in »Kurzgeschichten 3«, Nr. 125.)

Danach: Wer durch den Empfang der hl. Kommunion Jesus in sich stark werden lässt, der tritt immer mehr in Jesu Fußstapfen: Er kann mit anderen teilen, verzeihen, retten, heilen … immer mehr sein Herz für andere öffnen – wie das schon viele Heilige Jesus nachgelebt haben. (Hier können Beispiele genannt werden.)

Oder: Jede Kommunion ist auch ein wenig Empfang des göttlichen Brotes für andere: Du bist jetzt gewissermaßen die Monstranz, in der Jesus durch die Straßen getragen wird. Oder wie am Ausgang einer Kirche steht: »Dein Tagewerk ist die Fortsetzung der heiligen Messe.«

Symbol zum Anheften (siehe Vorbemerkungen Nr. 7, Seite 10):
Eine Hostie, mit einem Kreuz darin.

Spiel zum Abschluss

1. »KIM-Spiel«
Die Leiterin hat auf einem Tablett etwa 20 Gegenstände und ein Tuch mitgebracht, mit dem sie die Gegenstände immer wieder abdeckt. Sie beginnt zuerst mit wenigen und steigert dann die Schwierigkeit durch immer mehr oder ausgetauschte Gegenstände oder indem sie die Zeit verkürzt, die den Kindern zum Einprägen bleibt. Dann schreiben die Kinder die Gegenstände jeweils auf, die sie behalten haben und vergleichen, wer sich an die meisten erinnert hat. Auch hier können christliche und Alltags-Gegenstände miteinander vermischt sein, z. B. Rosenkranz, Schere, »Löffelchen«, Gebetbuch, Uhr, Kerze, Klingel etc. – Da es dabei nicht angebracht ist, sakrale Gegenstände einzusetzen, können auch Begriffe auf kleine Kärtchen geschrieben oder gemalt sein, wie z. B. Kelch, Stola etc.

Variation: *Wenn etwa auf 20 Gegenstände gesteigert ist, nimmt irgendein Kind einen Gegenstand unter dem Tuch fort. Wer weiß zuerst, was fehlt? Auch als Wettkampf zwischen jeweils zwei Kindern möglich.*

2. Urelemente sind Erde, Wasser, Feuer, Luft
Alle sitzen im Kreis. Die Leiterin wirft einem Kind einen Ball zu (oder zusammengesteckte Strümpfe) und ruft ein Element, z. B. »Wasser«. Dann muss das Kind ein Tier nennen, das im Wasser lebt, wirft anschließend den Ball weiter und ruft ein anderes Element, zu dem ein passendes Tier zu finden ist. Bei »Feuer« muss je nach Absprache eine Schlagersängerin, ein Sportler etc. genannt werden. – Auch als Wettkampf denkbar, wenn die Zeit gestoppt wird, in der eine Gruppe möglichst viele »Durchgänge« geschafft hat.

Oder: *Wie viele Durchgänge schafft eine Mannschaft innerhalb einer Minute?*

22. Danksagung nach der Kommunion – Uns auf Jesus ausrichten oder: Mit Jesus verbunden bleiben

Vorzubereiten

Ein Magnet mit Nägeln und Nadeln auf einem Tuch oder ein Magnet, Eisenspäne und ein weißes Blatt Papier oder ein starker Stabmagnet mit Eisenkugeln unterschiedlicher Größe.

Absicht

Den Kindern nahe bringen, dass die Augenblicke nach dem Empfang der hl. Kommunion eine große Chance sind, sich auf Jesus auszurichten oder sich mit Jesus in Freundschaft zu verbinden.

Ort

Jeder Raum.

Ablauf

Zunächst versammeln wir uns vor einem Kreuz. Die Leiterin liest folgende Kurzgeschichte:

Die Erfahrung der Stille

Zu einem einsamen Mönch kamen eines Tages Menschen. Sie fragten ihn: »Was für einen Sinn siehst du in deinem Leben der Stille?«

Der Mönch war eben beschäftigt mit dem Schöpfen von Wasser aus einer tiefen Zisterne. Er sprach zu seinen Besuchern: »Schaut in die Zisterne! Was seht ihr?«

Die Leute blickten in die tiefe Zisterne. »Wir sehen nichts.«

Nach einer kurzen Weile forderte der Einsiedler die Leute wieder auf: »Schaut in die Zisterne! Was sehr ihr?«

Die Leute blickten wieder hinunter. »Ja, jetzt sehen wir uns selber!«

Der Mönch sprach: »Schaut, als ich vorhin Wasser schöpfte, war das Wasser unruhig. Jetzt ist das Wasser ruhig. Das ist die Erfahrung der Stille: Man sieht sich selber!«

Nach einer kurzen Pause sagt die Leiterin: »Es ist vor allem wichtig, still zu werden, wenn du die hl. Kommunion empfangen hast. Wenn es in dir und um dich ruhig ist, kannst du in deinem Inneren, auf der ›Oberfläche des Wassers‹, Jesus begegnen. Darauf kommt es an, mit Jesus zu sprechen, ihn zu hören, ihn und sein Leben anzusehen. Was das bedeutet, sich mit Jesus zu verbinden (oder uns auf ihn auszurichten), das will ich euch jetzt zeigen.« (Nun *eine* der drei folgenden Möglichkeiten wählen! – Wenn Sie die Geschichte und ihre Deutung für das Alter der Kinder zu schwer halten, können Sie auch gleich zur Veranschaulichung eine der folgenden Möglichkeiten wählen.)

1. Jesus ist wie dieser Magnet, der uns geheimnisvoll anziehen will, damit wir mit ihm verbunden werden. Wir spielen jetzt »Jesus und seine ›Anhänger‹«: Der Magnet geht jetzt auf die Nägel (= die Jünger damals und die Bischöfe heute) zu, bis er sie in seinen Bann schlägt. Wir sind heute die Nadeln, die Jesus auch an sich ziehen möchte.

(Vielleicht haben die Nadeln bunte Köpfe und die Kinder sagen, welche Nadel sie selbst sein wollen. – Wichtig ist auch zu zeigen: Die Nadeln, die mit dem Magnet verbunden sind, werden nach kurzer Zeit auch magnetisch und ziehen wieder andere Nadeln an. Missions-Gedanke!)

2. Auf einem größeren weißen Blatt liegen Eisenfeilspäne wild durcheinander. Wir halten das Blatt etwas hoch. Wenn Sie jetzt den Magneten (= Jesus) unter das Blatt halten, richten sie sich aus, ordnen sich die Späne in geheimnisvoller Ordnung um den Magneten herum. – In der Welt gibt es auch böse Kräfte, die alles durcheinanderbringen wollen. (Der Diabolus, der Verwirrer, ist der Teufel.) Wer sich allerdings auf Jesus einlässt, wird von ihm geheimnisvoll ausgerichtet und geordnet.

3. Wir geben jedem Kind eine Eisenkugel (= es selbst), die es an den starken Stabmagneten (= Jesus) hängt. So entsteht langsam eine Traube, die sehr deutlich das Gleichnis vom Weinstock und den Reben (Joh 15,1–5) widerspiegelt. Je nach Anzahl der Kinder können ja noch Namen und Kugeln hinzugefügt werden.

(Zu 1. und 2. vgl. W. Willms, der weinberg steht in blüte, Butzon & Bercker 1983, S.41f)

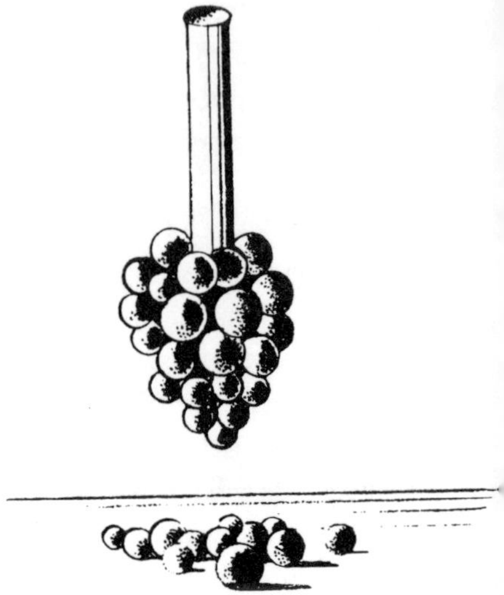

Wer mit Jesus verbunden ist, zieht auch andere an.

Zu 1.–3.
Nach diesem »Spiel« wiederholt die Leiterin noch einmal das Wesentliche: Der Augenblick nach dem Empfang der hl. Kommunion ist deshalb so wichtig, weil Jesus möchte, dass wir uns mit ihm verbinden. Bleibe ich aber zu weit vom »Magneten« Jesus entfernt, weil ich mit meinen Gedanken ganz woanders bin, dann kann er mich nicht anziehen. Wer sich aber mit Jesus verbindet, der kann aus der Anziehungskraft Jesu leben und auch andere durch seine Güte und Liebe verwandeln, magnetisieren!

Alternative
Die Kinder formulieren ein Gebet für »Nach der Kommunion«, das, in Goldschrift(!) auf schwarze Pappe geschrieben, gut sichtbar aufgehängt wird.

Symbol zum Anheften *(siehe Vorbemerkungen Nr. 7, Seite 10):*
Ein Magnet, an dem Nägel (Nadeln) hängen (entsprechend anders, wenn der 2. oder 3. Vorschlag gewählt wurde).

Ergänzung

Hier folgen Gebete, die den Kindern jetzt oder später zum Einkleben ins Gotteslob mitgegeben werden können als kleine Hilfe, sich in der Stille nach der Kommunion mit Jesus zu verbinden:

> Jesus,
> ziehe mich jetzt geheimnisvoll an wie mit einem Magnet.
> Halte mich ein Leben lang fest
> und führe mich auf guten Wegen.
> Auch in Schuld und Sünde lass mich nicht los.
> Beschütze mich vor allem Bösen, das nur Unfrieden bringt.
> Sei du meine Kraft und meine Hilfe.

Jesus, im Brot sind viele Weizenkörner zusammengekommen,
im Wein so viele Trauben verbunden.
So lass uns alle hier jetzt auch mit dir verbunden sein.
Ja, alle Christen auf der Welt sind in dir mit uns verbunden.
So bitte ich dich für …
und für alle, an die niemand mehr denkt.
Geh mit uns. Beschütze uns.
Führe uns in das Reich deines Vaters.
Lass uns gemeinsam ankommen. Darum bitte ich dich!

> Jesus, du lebst jetzt in mir
> und ich in dir.
> So öffne jetzt meine Ohren,
> damit ich verstehen kann,
> um was andere mich bitten.
> Lenke du meine Augen,
> damit ich sehen kann,
> was andere brauchen.
> Löse du meine Zunge,
> damit ich sage,
> was andere ermutigen kann.
> Leite du meine Hände,
> damit ich andere beschenken kann.

Führe du meine Füße,
damit ich deine gute Nachricht
zu anderen tragen kann.

Denk du in mir, o Jesus,
dann denk' ich rein und klar.
Sprich du aus mir, o Jesus,
dann sprech' ich gut und wahr.
Durchdring mein ganzes Wesen,
erfüll mein ganzes Sein,
dass jeder aus mir kann lesen
die große Liebe dein. Amen.

Du mein Jesus, bist mein Licht.
Du bist meine Zuversicht.
Fort ist alle dunkle Nacht,
denn du hast mich froh gemacht.

Du mein Jesus, bist mein Leben!
Alles hast du mir gegeben.
Alles, was ich bin und habe,
ist ja deine Freundesgabe.

Du mein Jesus, bist mein Ziel
bei der Arbeit, bei dem Spiel.
Du sollst immer mit mir gehn,
was auch immer mag geschehn.

Du mein Jesus, bist mein Freund!
Ganz bin ich mit dir vereint!
Du in mir und ich in dir.
Herzlich dank' ich dir dafür.

(Wolfgang Schöpping, Kinder beten gemeinsam, Mainz 1974)

Jesus, danke für deine Nähe und Liebe.
Ich will deine Güte
und deinen Frieden weitergeben.
Segne uns alle, die wir auf dem Weg
zu deinem Vater sind.
Schenke mir neuen Mut.
Gib mir Ausdauer:
Ich möchte dich nie vergessen.

Ich grüße dich, Jesus, im heiligen Brot.
Es ist ein Brot, das mich nicht satt macht,
aber es öffnet mir Augen, Hände und Herz.
Weil ich dieses Brot, dich Jesus, in mich aufgenommen habe,
lass mich so ähnlich »schmecken« wie du, wie ein gutes Brot.
Hilf mir, Gutes zu denken, Schönes zu sagen,
Nützliches zu tun.
Lass mich mit der Zunge kein Gift versprühen
und unversöhnlich die Hände vergraben.
Damit dein Reich kommen kann – auch durch mich. Amen.

Jesus: Du Brot gegen das Leid.
Wer davon isst, verzagt nicht, sein Kreuz zu tragen.
Jesus: Du Brot gegen den falschen Stolz.
Wer davon isst, will nicht mehr herrschen, sondern dienen.
Jesus: Du Brot gegen den Tod.
Wer davon isst, wird nicht sterben in Ewigkeit.
Jesus: Du Brot gegen die Angst.
Wer davon isst, braucht sich nie zu fürchten.
Jesus: Du Brot gegen den Hass. Wer davon isst,
reicht die Hand, um sich zu versöhnen. Amen.

(nach Alois Albrecht)

Zu dir, Jesus im Brot, bete ich.
Lass mich in Freundschaft mit dir verbunden bleiben.
Sei du meine Freude.
Schenke mir Geduld mit Schwächeren.
Bleib du meine starke Mitte,
dann kann der böse Feind mir nichts anhaben.

Spiel zum Abschluss

Vorbemerkung:
Die Spiele zerstören etwas die entstandene meditative Atmosphäre. Vielleicht sollte deshalb am Ende wieder ein kleines Mahl stehen (vgl. Vorbemerkungen Nr. 8).

1. Flaschen-Kreisen
Alle sitzen im Kreis um einen Tisch. Eine liegende Flasche wird zum Kreisen gebracht. Auf den die stehen bleibende Flaschenöffnung zeigt, kommen besondere Aufgaben zu, die die Gruppe mitbestimmen kann: Blitzschnell das Gesicht vom Lachen zum Weinen verändern; eine lustige oder traurige Begebenheit aus der Schule erzählen; die Hobbys der anderen erraten; eine Lobrede auf sich selbst halten; eine kurze Lügengeschichte erzählen etc.

2. Das »Drei-Möglichkeiten-Quiz« (= 3M-Quiz)
Die Kinder sind in mehrere Gruppen aufgeteilt. Sie suchen unter den drei genannten Möglichkeiten nach interner Beratung die richtige heraus und sagen ihr Ergebnis der Leiterin.
Zum Beispiel: Die Leiterin fragt: Welche Gegenstände gehören zur Taufe?
1. Weißes Kleid – Taufkerze – Brot
2. Chrisamöl – Wasser – Palla oder
3. Taufkerze – Wasser – weißes Kleid?
(Nur die dritte Möglichkeit ist richtig.)

Oder: *Was wird gewöhnlich verbrannt, um Asche für das Kreuz auf der Stirn am Aschermittwoch herzustellen?*

1. *Das Holz alter Kreuze.*
2. *Die Palmzweige des vergangenen Jahres oder*
3. *Luftschlangen. (Die zweite Möglichkeit ist richtig.)*

(Zahlreiche Fragen finden sich in A. Hellmann/G. Debbrecht, Wer fragt, gewinnt. Freiburg 1990).

Auch hier sollen Fragen aus Erdkunde, Biologie, Sport, Politik etc. hinzukommen, Zum Beispiel: Was ist keine Regenbogenfarbe? 1. Orange; 2. Violett; oder 3. Weiß. (Die Farbe Weiss wird in die sieben Regenbogenfarben zerlegt, gehört also nicht dazu.) Die Leiterin notiert sich, welche Gruppe jeweils die richtige Lösung genannt hat, um später einen Sieger ermitteln zu können.

23. Empfangen und weitergeben – wie beim Brunnen

Vorzubereiten

Für jedes Kind die Postkarte Nr. 243545 von Fotokunst Groh, D-82237 Wörthsee, Tel. 08153/ 883 33, Fax .../ 883 48 oder eine Kopie der unten stehenden Abbildung.

Absicht

Das sprechende Bild aus der Natur weitet den Blick der Kinder für ein gutes Miteinander – wie es auch aus der Feier der hl. Messe und der Verbundenheit mit Jesus Christus möglich wird.

Ort

Jeder Raum.

Ablauf

»Wer kann sagen, was auf dem Bild zu sehen ist?
(Kinder antworten lassen)

Die Brunnenschale, in der sich das Wasser sammelt, kann unser Inneres, unser Herz sein. Es gibt vieles, was da hineinfließt oder schon hineingeflossen ist. *(Kinder antworten lassen)*

Ja, es kann die Liebe der Eltern und der Freunde sein; alles, was wir in der Schule und Freizeit ›geschenkt‹ bekommen; besonders auch das, was Gott uns schenkt: eigentlich das Leben, die schöne Welt mit Luft, Wasser und Nahrung. Denkt auch daran, was Jesus uns alles geschenkt hat, indem er sich an unsere Seite stellte! Für all das sagen wir jetzt einmal ein dickes ›Danke!‹«

Lied: Danke ... (»Troubadour« 43)

»Wer dieses ›Danke‹ weitergibt, erfährt, wie froh das Menschen macht. Probier es heute einmal aus, indem du zur Mutter gehst und einfach mal sagst: ›Danke für alles.‹ Oder zum Vater: ›Was wären wir ohne dich!‹ Solche Dankesworte sind wie das Überfließen des Wassers auf dem Bild: Wo es jetzt hinfließt, kann es Leben und Hoffnung geben. Das möchte Jesus: Seine Liebe an die Mitmenschen weitergeben!«

Wir lesen gemeinsam den Spruch, der auf der Karte steht …

Das will ich mir schreiben in Herz und Sinn:
dass ich nicht für mich auf Erden bin,
dass ich die Liebe, von der ich leb',
liebend an andere weitergeb'.

Symbol zum Anheften *(siehe Vorbemerkungen Nr. 7, Seite 10):*
Eine Brunnenschale.

Spiel zum Abschluss

1. Bändertreten

Jeder Spieler bindet an sein Fußgelenk ein etwa 50 cm langes Band aus Papier oder dünner Kordel. Bei Musik versucht jetzt jeder beim anderen durch Abtreten möglichst viele Bänder zu ergattern. Wer hat die meisten?

2. Scherzfragen

d) *Welche Rose duftet nicht? (Die Gürtelrose)*
e) *Was hat keine Hände und kann doch schlagen? (Die Uhr)*
f) *Wer hört alles und sagt nichts? (Das Ohr)*
g) *Man isst es nicht, man trinkt es nicht und es schmeckt doch gut! (Ein Kuss)*
d) *Ich gehe alle Tage aus und bleibe dennoch stets im Haus? (Schnecke)*
e) *Neun Heuhaufen und sieben Heuhaufen werden zusammengefahren. Wie viele Heuhaufen gibt das? (Einen)*
f) *Zwei Löcher hab' ich, zwei Finger brauch' ich. So mach' ich Langes und Großes klein und trenne, was nicht beisammen soll sein! (Schere)*
g) *Wer überwältigt auch den stärksten Mann? (Der Schlaf)*

3. Steh-Rennen

Jeweils ein/e Fahrer/in aus jeder Mannschaft muss auf einem Fahrrad eine ca. zehn Meter lange Strecke möglichst langsam durchfahren, ohne mit den Füßen den Erdboden zu berühren. Der Sieger holt einen Punkt für seine Mannschaft. – Die Sieger bei den einzelnen Ausscheidungen können auch erneut gegeneinander antreten, um den wirklich Langsamsten herauszufinden.

24. Segen –
Gottes Segen für den Weg der Nachfolge

Vorzubereiten

Ein altes Wagenrad – oder die vergrößerte Zeichnung.

Absicht

Die Kinder sollen den Segen als Hilfe aus der Mitte Gottes besser verstehen lernen.

Ort

Jeder Raum.

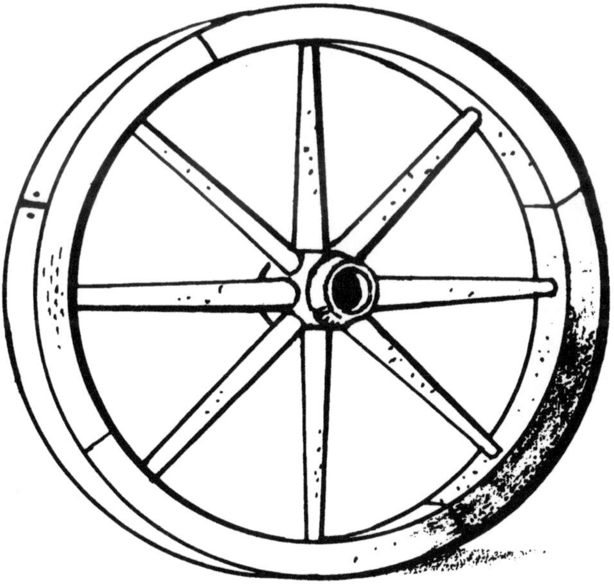

Von der Mitte fließt der Segen Gottes über uns, die Speichen, bis in die Gemeinschaft der Menschen hinaus.

Ablauf

1. Wir betrachten ein altes Wagenrad, wie es oft an Häusern als Zierstück angebracht ist. Es kommt auf jeden Teil an: Die Mitte (= die Nabe), die die Speichen hält; den Außenring (= die Felge), der die Speichen nach außen hält; *jede* Speiche, denn sie machen das Rad belastbar. (Das Rad kann auch von den Kindern durch Beispiele in den einzelnen Funktionen erklärt werden.)

Ein schönes Bild für unsere Gemeinschaft im Gottesdienst: Die Mitte ist Jesus, der uns, die Speichen, in der Kraft des Vaters und des Heiligen Geistes ausrichtet und hält. Wir werden aber auch von der Gemeinschaft der Menschen, vom Außenring gehalten. Es ist also wichtig, dass wir mit Gott und mit den Menschen verbunden sind (Hauptgebot!): Wir werden von der Mitte gehalten und halten auch die Gemeinschaft mit. Der Segen von der Mitte geht also über uns in die Welt hinaus.

Im »Segen« der hl. Messe fließt die Gnade Gottes (= Seine Kraft und Sein Geschenk) über uns zu den Menschen. Wir überdenken dazu ein altes Gebet (2. *oder* 3.):

2. *Das Aaronistische Segensgebet* kann in der hl. Messe als feierlicher Segen gesprochen werden. (Wir schauen dabei auf die Mitte des Rades. Der Text kann auch von der Leiterin und einem Kind abwechselnd gesprochen werden.)

URTEXT (Num 6,24–26)	DEUTUNG
Der Herr,	Gott, unser Schöpfer. Für uns wie ein guter Vater oder eine gute Mutter. Er ist die Mitte, von der alles Leben ausgeht.
segne	Er lässt uns wachsen an Leib, Geist und Seele, damit wir uns wohl fühlen auf dieser Erde.
und behüte dich.	Er schützt uns vor allem, was uns bedroht; vor Angst und Gefahr.

Der Herr lasse sein Angesicht über dir leuchten	Wie die Sonne leuchtet über uns, wärmt und erhellt unseren Weg;
und sei dir gnädig.	er lässt unsere »Schatten« hinter uns fallen; er verzeiht uns immer wieder, wenn wir uns ihm zuwenden.
Der Herr wende sein Angesicht dir zu	Immer wieder lässt er uns neu beginnen und schaut in Liebe auf uns.
und schenke dir Heil.	Er will für uns Frieden und Glück, jetzt und in Ewigkeit.
Amen.	So gilt es für dich und mich.

3. *Ein altirisches Segensgebet,* dem hl. Patrick zugeschrieben. (Wir schauen dabei auf die Speichen und die Mitte des Rades. Der Text kann abwechselnd von Kindern gesprochen werden.)

Der Herr sei vor dir,
um dir den rechten Weg zu zeigen.
Der Herr sei neben dir,
um dich in die Arme zu schließen,
um dich zu schützen vor Gefahren.
Der Herr sei hinter dir,
um dich zu bewahren vor der Heimtücke des Bösen.
Der Herr sei unter dir,
um dich aufzufangen, wenn du fällst.
Der Herr sei in dir,
um dich zu trösten, wenn du traurig bist.
Der Herr umgebe dich wie eine schützende Mauer,
wenn andere über dich herfallen.
Der Herr sei über dir, um dich zu segnen.
So segne dich der gütige Gott –
heute und morgen und immer.

4. (Mehr für die Leiterin) Das Feiern der hl. Messe ist der Kern unseres christlichen Tuns, der auch im »Segen« erkennbar wird:

> Wir denken an die große Liebe Gottes, uns Jesus zu schenken,
> der durch Tod und Auferstehung uns erlöst hat.
> Wir werden eins in der Liebe mit Jesus.
> Wir holen uns Kraft für den Weg der Nachfolge.
> Wir erahnen, was auf uns wartet in der Herrlichkeit desHimmels.
> Im Segen des dreifaltigen Gottes wird das Kreuz unseres Herrn Jesus Christus über uns gelegt. Wenn wir uns an ihm festhalten, werden wir gehalten.

Symbol zum Anheften *(siehe Vorbmerkungen Nr. 7, Seite 10):*
Ein altes Wagenrad.

Spiel zum Abschluss

1. Das »Dirigenten-Spiel«
(Ein Dirigent steht ja im Mittelpunkt und die einzelnen Instrumente sind wie die Speichen im Rad um ihn verteilt und ergeben einen »runden« Klang.) Während ein Kind den Raum verlässt, machen die übrigen einen Dirigenten aus, der aber wie die anderen auf seinem Platz sitzen bleibt. Das Kind wird wieder hereingerufen, während der Dirigent ein Instrument (stumm) vorspielt und alle es ihm rasch nachmachen. Während der Dirigent immer wieder neue Instrumente ersinnt, soll das Kind möglichst schnell herausfinden, wer der »stumme« Dirigent ist.

2. Luftballon-Köpfen
Eine Schnur, die beide Parteien voneinander trennt, und ein (zwei) aufgeblasener Luftballon werden benötigt. Der Ballon darf nur mit dem Kopf und über die Schnur ins andere Spielfeld zurückgestoßen werden. Der Seite, auf welcher er auf den Boden fällt, wird ein Minuspunkt angerechnet. –

Es ist als eigentlich ruhiges Spiel auch für den Raum geeignet. Wenn das Seil nicht zu tief gespannt ist, z. B. 30 cm über Kopfhöhe, ist auch eine Verletzungsgefahr durch Aneinanderstoßen der Köpfe ausgeschaltet. – Es kommt hierbei vor allem darauf an, dass nicht ein Spieler einer Partei alles zu machen versucht, sondern alle ins Spiel kommen. Wenn das Heisssporne doch nicht schaffen, kann die Regel hinzugefügt werden, dass keiner zweimal hintereinander köpfen darf.

3. Wo bin ich?
Ein Kind wird hinausgeschickt. Die übrigen einigen sich, welche Situation sie darstellen sollen: Sie sitzen alle im Fußballstadion; vergnügen sich im Schwimmbad; stieren in den Fernseher; drängeln sich im Stadtbus etc. Das hereingerufene Kind muss erraten, wo es sich befindet.

Geeignet *sind hier auch aus Treff 15, Spiel Nr. 1 oder aus Treff 12 die »Übungen«. Oder die Kinder malen ein Wagenrad und schreiben ihren Namen auf eine Speiche. Oder sie basteln gemeinsam ein Wagenrad und jedes Kind bringt »seine« Speiche mit Namen ein.*

25. Entlassung – Ihr seid gesandt!

Absicht

Den Kindern nahe bringen, den Entlassgruß als Auftrag zu erkennen, die Botschaft von Jesus in die Welt zu tragen.

Ort

Jeder Raum.

Vorbemerkung

Vielleicht beschränken Sie sich auf die biblische Geschichte in 1. oder auf die unter 3.

Ablauf

1. Wir sitzen im Kreis. Die Leiterin liest oder erzählt als eine »Zuhör-Übung« (vgl. 9. Treff) folgende Begebenheit aus dem Alten Testament (Alternative: Seite 54 vorlesen lassen.) Der Prophet Elija erhielt die Nachricht von der wütenden Königin Isebel (Elija hatte alle Baalspriester töten lassen, die in ihrer Gunst standen): »Noch 24 Stunden und du lebst nicht mehr!« Da bekam Elija große Angst und floh in die Wüste hinein. Nach einer Tagesreise setzte er sich unter einen Ginsterstrauch und wünschte sich den Tod – so mutlos war er. Er sagte: »Herr, es reicht mir. Ich habe nur für dich gestritten. Und was ist der Dank? Ich werde mit dem Tode bedroht! Nein, ich will nicht mehr Prophet sein! Nimm mein Leben von mir!« Dann legte er sich hin und schlief ein.

Mitten im Schlaf rührte ihn die Hand Gottes an, ein Engel, und sprach: »Steh auf und iss!« Als Elija um sich blickte, sah er neben sich ein Brot, das in glühender Asche gebacken worden war, und einen Krug mit Wasser. Da aß er und trank. Aber er wollte immer noch nicht weiterleben und legte sich wieder hin. Da kam der Engel des Herrn zum zweitenmal, rührte ihn an und sprach: »Steh auf und iss! Sonst ist der Weg zu weit für dich!« Da stand er auf, aß und trank und wanderte, durch diese Speise gestärkt, vierzig Tage und vierzig Nächte bis zum Gottesberg, dem Sinai, auf dem Gott mit seinem Volk den Bund geschlossen und ihm sein Gesetz verkündet hatte (Nach 1 Kön 19,2–8).

(Hier folgen ein kurzes Gespräch oder Erklärungen über das Gehörte, z. B. ist die Zahl 40 symbolisch zu sehen, weil auch die Israeliten »40« Jahre durch die Wüste gezogen waren, bevor sie das »Gelobte Land« erreichten.)

2. Wenn es am Ende der hl. Messe heißt »Gehet hin in Frieden!«, dann bedeutet das (vom Ursprungswort »missa« eigentlich nicht mehr als »die Messe ist jetzt aus.« Aber im Wort »missa« steckt auch das Wort »Sendung«) soviel wie »Ihr seid gesandt!« Geht jetzt in der Kraft der heiligen Speise, die ihr empfangen habt, wie Elija hinaus in die »Wüste« der Welt: Es kann durchaus ein anstrengender Weg sein, auch in Ablehnung und Gemeinheit hinein. (Hier kann eventuell vom Weg des hl. Tarzisius erzählt werden, der auch »gesandt« war und in seinen Tod lief. Es genügen aber auch Hinweise auf unbequeme Wege wie: Statt Fußballspiel jemandem helfen oder mit dem jüngeren Geschwisterkind spielen oder Streit schlichten statt mitzumischen oder etwas nicht mitzumachen, z. B. Unsinn.)

3. Wir hören noch eine Geschichte, die uns klarmachen kann, welche Aufgabe wir draußen in der Welt haben:

Die Halle der Welt mit Licht füllen

Ein König hatte zwei Söhne. Als er alt wurde, da wollte er einen der beiden zu seinem Nachfolger bestellen. Er versammelte die Weisen seines Landes und rief seine beiden Söhne herbei. Er gab jedem der beiden fünf Silberstücke und sagte: »Ihr sollt für dieses Geld die Halle in unserem Schloss bis zum Abend füllen. Womit, das ist eure Sache.«

Die Weisen sagten: »Das ist eine gute Aufgabe.«

Der älteste Sohn ging davon und kam an einem Feld vorbei, wo die Arbeiter dabei waren, das Zuckerrohr zu ernten und in einer Mühle auszupressen. Das ausgepresste Zuckerrohr lag nutzlos umher. Er dachte sich: »Das ist eine gute Gelegenheit, mit diesem nutzlosen Zeug die Halle meines Vaters zu füllen.«

Mit dem Aufseher der Arbeiter wurde er einig und sie schafften bis zum späten Nachmittag das ausgedroschene Zuckerrohr in die Halle. Als sie gefüllt war, ging er zu seinem Vater und sagte: »Ich habe deine Aufgabe erfüllt. Auf meinen Bruder brauchst du nicht mehr zu warten. Mach mich zu deinem Nachfolger.« Der Vater antwortete: »Es ist noch nicht Abend. Ich werde warten.«

Bald darauf kam auch der jüngere Sohn. Er bat darum, das ausgedroschene Zuckerrohr wieder aus der Halle zu entfernen. So geschah es. Dann stellte er mitten in die Halle eine Kerze und zündete sie an. Ihr Schein füllte die Halle bis in die letzte Ecke hinein.

Der Vater sagte: »Du sollst mein Nachfolger sein. Dein Bruder hat fünf Silberstücke ausgegeben, um die Halle mit nutzlosem Zeug zu füllen. Du hast nicht einmal ein Silberstück gebraucht und hast sie mit Licht erfüllt. Du hast sie mit dem gefüllt, was die Menschen brauchen.«

(Volksgut aus den Philippinen)

Aktivierung

Die Kinder malen zur Geschichte von Elija oder zu der vom König.

***Symbol zum Anheften** (siehe Vorbemerkungen Nr. 7, Seite 10):*
Eine Kerze, die mit ihren Strahlen eine Halle ausfüllt.

Spiel zum Abschluss

1. *Wir haben jetzt den Aufbau der hl. Messe kennengelernt. Wir schreiben alle Teile auf Kärtchen: Die Kinder sollen sie auf Zeit (Stoppuhr) in die richtige Reihenfolge legen. Zunächst probieren wir es nur mit dem zweiten Hauptteil: Gabenbereitung, Präfation, Wandlung, Hochgebet (= Kanon), Vaterunser, Friedensgruß, Brotbrechung, Kommunion, Danksagung, Segen, Entlassung (wobei Segen und Entlassung schon zur »Entlassung« gehören, die den 2. Hauptteil abschließt – wie die Eröffnung zu Beginn der Messe den 1. Hauptteil einleitet.) Dann kann der Schwierigkeitsgrad gesteigert werden, indem auch die Kärtchen des Wortgottesdienstes hinzukommen. (Vgl. Spiel 2 des 9. Treffs) Oder, wenn die Kinder sich schwer tun, weniger Kärtchen geben!*

2. Das Münzspiel

Die Kinder stehen sich in zwei Gruppen gegenüber. Dazwischen ist die Leiterin der Trennstrich. Die eine Gruppe bekommt die »Zahl«, die andere den »Kopf« einer Münze zugewiesen.

Die Leiterin wirft das Geldstück hoch: Liegt der »Kopf« oben, müssen die »Zahlen« fliehen und versuchen, die gegenüberliegende Wand oder eine Ziellinie zu erreichen. Wer durch die Verfolger abgeschlagen wird, muss die Gruppe wechseln.

III. Nachklang

Wie zu Beginn drei Treffen auf die Erklärung der hl. Messe hinführten, so stehen die letzten fünf Stunden gewissermaßen als Weiterführung oder »Nachklang« da. Sie können auch erst nach der Erstkommunion gehalten werden, damit nicht alles mit dieser Feier zu Ende geht und das Fest nachklingt.

26. Von der Macht der Gemeinschaft – Gemeinsam sind wir stark

Vorzubereiten
Ein geschnürtes Bündel von ca. 30 Holunderstöcken; Kreide oder Kordel für den Kreis.

Absicht
Die Kinder sollen erkennen, dass eine Gemeinschaft den einzelnen stärker sein lässt.

Ort
Jeder Raum.

Ablauf

1. Wir beginnen mit einer Art Spiel: Die Leiterin zeichnet auf den Boden einen Kreis (oder legt ihn aus Kordel) und bittet die Gruppe, sich hineinzustellen. »Auf Kommando kämpft ihr gegeneinander. Wer zuerst mit beiden Füßen außerhalb der Markierung steht, scheidet aus.« Jetzt siegt wahrscheinlich der (die) Stärkste. Die Gruppe wiederholt das Spiel öfters. Wann immer der (die) Stärkste sich behauptet, versucht die Leiterin durch Bemerkungen darauf hinzuweisen: »Ihr *alle* seid schwächer als N. N.?« »Wenn sich die anderen zusammentun, um *gemeinsam* den (die) Stärkste(n) aus dem Kreis zu stoßen, hat diese(r) keine Chance.«

Oder positiver: *Ein* Kind soll eine Kiste oder ein Möbelstück transportieren. Es gelingt am leichtesten, wenn andere mitanpacken.

2. Wir sprechen über das Ergebnis. Auch auf dem Schulhof ist eine Gruppe von Kindern als »Bande« stark, weil sich die anderen in ihrer Vereinzelung verlieren. Es ist gut, wenigstens eine(n) Freund(in) zu haben, am besten einige Kameraden, sonst steht einer zu leicht alleine und ungeschützt im Abseits.

3. Die Leiterin nimmt das Bündel mit den verschnürten Stöcken, hält es vor sich und fragt: »Wer von euch ist so stark, dieses Bündel Hölzer zu brechen?« Die Kinder werden es versuchen, scheitern aber (wenn das Bündel nicht »übers Knie« gebrochen wird, aber bei so vielen Stäben müsste es auch dann ein starker Erwachsener sein!). Dann sagt die Leiterin leicht triumphierend: »Ich kann es!« Vor den Augen der ungläubigen Kinder zieht sie nun *einen* Stock heraus, bricht ihn durch und sagt: »Wenn ich das so mit allen mache, ist das Bündel gebrochen!« ... Wieder weist sie darauf hin, dass der Einzelne halt schwach und »zerbrechlich« ist, aber in der Gemeinschaft mit anderen (Stöcken) sind wir stark.

Gemeinsam seid ihr stark!

4. Die Erkenntnis wird jetzt auf den Gottesdienst übertragen: »Als Kommunionkinder seid ihr eingeladen, jetzt jeden Sonntag – egal wo ihr seid – an der hl. Messe teilzunehmen. Vielleicht habt ihr das schon erlebt, dass es gar keinen Spass macht, wenn von hundert Kindern, die da sein könnten, nur zehn sich auf viele Bänke verteilen. Es ist wie bei einer Geburtstagsparty, zu der zwanzig Gäste geladen sind, im letzten Moment zehn absagen und fünf sich überhaupt nicht entschuldigen. Dann sitzen alle nur traurig herum; das Fest kann nicht stattfinden! Auch sonntags wird der Gottesdienst zur besonderen Freude und Feier, wenn die Kirche richtig gefüllt ist und die geladenen Gäste alle erschienen sind. Jetzt kann das Fest beginnen! Und in der Woche, wenn du manchmal merkst, dass nur wenige Erwachsene oder Kinder zu Jesus halten, kannst du dich an die große

Gemeinschaft sonntags erinnern und spürst, du bist nicht allein auf dem Weg ...«

(Hier kann natürlich davon gesprochen werden, dass ein Fehlen sonntags nicht unbedingt mit »keine Lust« gleichzusetzen ist; denn viele sind verreist etc.)

5. Schließlich weist die Leiterin auf die Gruppenangebote der Pfarrei an die Kommunionkinder hin: Ob KJG, Ministranten, Schola, Instrumental-, Spiel- oder Bastelgruppe ... Erfahrungsgemäß bleiben Kinder viel länger »bei der Sache (Jesu)«, wenn sie sich einer Gemeinschaft anschließen. Eine solche Gruppe zu treffen, ist noch lange Motivation, zur Kirche zu kommen, auch wenn die Eltern den Gottesdienstbesuch nicht begleiten oder nicht dazu ermuntern. Hier sollte den Kindern zur Information an die Eltern und zum Nachlesen ein Handzettel mitgegeben werden, auf dem die Gruppenangebote stehen.

Alternative

Hier kann auch mit der »Swimmy-Geschichte« gearbeitet werden (siehe 3. Treff, Alternative 2). Dann sollte jedes Kind einen gemalten Fisch in anzugebender Größe zum Treff mitbringen.

Symbol zum Anheften *(siehe Vorbemerkungen Nr. 7, Seite 10): Eingeschnürtes Bündel mit Holzstöcken.*

Achtung!

Nicht vergessen, die Kinder darauf hinzuweisen, zum nächsten Treffen ihre Kommunionkerzen mitzubringen.

Spiel zum Abschluss

1. Das Messe-Spiel

Die Leiterin stellt vier Stühle auf: Einer im »Wortgottesdienst« bezeichnet das »Evangelium«, die anderen drei in der Eucharistiefeier die »Gabenbereitung«, die »Wandlung« und die »Kommunion«. Sie tippt nun dem ein oder anderen Kind auf den Kopf und sagt »Wandlung« etc. Das Kind muss den betreffenden Stuhl selbstständig finden und setzt sich darauf. Wenn die vier Kinder richtig sitzen, soll jeder noch einmal kurz sagen, was an dieser Stelle der hl. Messe geschieht, z. B. »Gabenbereitung«: Die Gaben von Brot und Wein werden auf den Altar gestellt; der Priester hebt sie hoch und schenkt sie so Gott zurück. Dann wäscht ein Ministrant die Hände des Priesters …

Die Leiterin kann das »Spiel« jetzt beliebig im Schwierigkeitsgrad steigern: »Wo muss sich das Kind hinstellen, das als ›Vaterunser‹ den richtigen Platz einnehmen will? (Zwischen den dritten und vierten Stuhl). Wo steht der ›Segen‹, wo die ›Lesung‹ etc. – Dieses »Spiel« sollte bei mehreren Treffs wiederholt werden, damit die Kinder auch den groben Ablauf der Messe behalten. (Nicht enttäuscht sein, wenn die Kinder trotzdem dieses »kalte Wissen« schnell vergessen. Andererseits sollten wir auch ein Minimum an Wissen verlangen. – Liturgiker werden die Unterscheidung »Gabenbereitung – Wandlung – Kommunion« für nicht befriedigend halten, aber es geht ja darum, wenigstens etwas aus der Eucharistiefeier einzuprägen.)

2. Berühmte Personen raten

Alle Kinder gehen im Raum umher. Dabei klebt die Leiterin ihnen mit Tesakrepp den Namen einer (bekannten) Person auf den Rücken (auch den der Leiterin oder des Pfarrers! – oder Tiernamen, Blumen etc.). Alle bewegen sich weiter im Raum, wobei jeder jedem so die Fragen stellt, dass mit Ja oder Nein geantwortet werden muss. Wird ein »Nein« gegeben, müssen sich die beiden trennen. Sie fragen untereinander so lange, bis jeder weiß, welcher Name auf dem eigenen Rücken steht. Sobald einer ihn erraten hat, darf er sich setzen. Beispiel: »Ist es ein Schlagersänger?« »Nein!« Dann müssen sich beide trennen. – Beim neuen Partner: »Ist es ein Sportler?« »Ja.« »War oder ist er Weltmeister in einer Disziplin?« »Ja.« Usw. …

27. Nachfolge – Licht für die Welt sein!

Vorbemerkung

1. Vielleicht kann diese Stunde noch einmal der Priester übernehmen.

2. Um die Aktivität der Kinder zu erhöhen, bitte die folgenden Ausführungen mehr erfragen.

Vorzubereiten

Die Kinder bringen ihre Kommunionkerze mit (da das ein oder andere Kind sie sicherlich vergessen hat, ein paar kleine Kerzen bereithalten); genügend Zierwachs zum Basteln von kleinen Sonnen, die auf die Kerzen geklebt werden, und das entsprechende Zubehör; (evtl. eine Lage Opferlichter); ein Docht zum Entzünden.

Absicht

Den Kindern soll noch einmal klar werden, woher sie das Licht haben, das sie in die Welt tragen.

Ort

Möglichst in der Kirche. (Es geht auch vor der Sonne mit den Strahlen – siehe 8. Treff.)

Ablauf

Alle stellen sich mit ihren Kommunionkerzen, die noch nicht brennen, vor das »Ewige Licht« in der Nähe des Tabernakels.

1. Der Priester fragt, was das Ewige Licht bedeutet: Es zeigt an, dass hier im verwandelten Brot, das im Tabernakel aufbewahrt wird, Christus selbst gegenwärtig und uns so ganz nahe ist. Hier wird besonders sichtbar, dass Jesus gesagt hat: »Ich bin bei euch alle Tage bis ans Ende der Welt!«

»Ich bin bei euch alle Tage bis ans Ende der Welt.«

2. Der Priester weist auf die zum Teil erheblich abgebrannten Kommunionkerzen hin. Er zeigt (oder erwähnt) eine Lage neuer Kerzen, die so keinem nützen, obwohl sie schön sind: Erst, wenn sie brennen und sich verzehren, geben sie Licht, Wärme, Geborgenheit, haben sie einen Sinn – wenn sie auch dabei kürzer werden.

3. »Wir nehmen jetzt vom ›Ewigen Licht‹, das uns daran erinnert, dass Jesus bei uns ist, und entzünden damit die Kommunionkerzen.« (Mit dem bereitliegenden Docht entzünden!) Wir singen dann: GL 644 »Sonne der Gerechtigkeit« oder ein anderes den Kindern fast auswendig bekanntes Lied, wie »Du bist das Licht der Welt …«

4. Während die Kerzen brennen, ruft die Leiterin oder der Priester noch einmal Gedanken aus früheren Stunden in Erinnerung:
a) Bei unserem ersten Treff habt ihr euer kleines Licht in der Mitte der Spirale an der »Jesus-Kerze« entzündet und dann »in die Welt« getragen.
b) Wir haben der Sonne Gottes Strahlen gegeben, auf denen unser Name stand, damit das Licht Gottes bis in unsere Welt hineinstrahlen kann und wir so Gott verherrlichen (8. Treff).
c) Wir denken an das Licht des jüngeren Königssohnes, der mit dem Licht seiner Kerze die ganze Halle ausfüllte (25. Treff).

5. »Auch das Licht eurer Kerze erhellt ein wenig die Welt. Ihr selbst seid die Kerze. So erfüllen wir den Auftrag Jesu, der gesagt hat: ›Ihr seid das Licht der Welt.‹ Damit jeder sehen kann, woher wir das Licht nehmen, basteln wir gleich im Pfarrheim aus Zierwachs eine Sonne und kleben sie auf unsere Kerze.« (Beim Basteln können die Kinder natürlich von der Erstkommunionfeier erzählen.)

Symbol zum Anheften (siehe Vorbemerkungen Nr. 7, Seite 10):
Ein »ewiges Licht« oder eine Kommunionkerze mit angedeuteter Sonne darauf.

Spiel als Abschluss

1. »Fallobst«
Je zwei Kinder, die sich im Kreis gegenübersitzen, wählen den Namen einer Obstsorte. Die Leiterin in der Mitte des Kreises, die gerne auf einen Platz möchte, ruft nun eine der Obstsorten auf. Jetzt müssen die Kinder, deren Obstname genannt wurde, den Platz wechseln. Dabei versucht die Leiterin einen Platz zu erhaschen. Das Kind, das keinen Platz gefunden hat, nennt jetzt eine andere Obstsorte. Oder es ruft mehrere auf. Wenn es »Fallobst« ruft, müssen alle den Platz wechseln. (Ähnlich: Die Kinder wählen Sportarten; dann heißt das Wort »Olympia«, bei dem alle wechseln müssen.)

2. »Steckbrief«
Die Kinder kennen sich jetzt schon so intensiv, dass folgendes Spiel Spass bringen kann: Jedes Kind schreibt auf einen Zettel ohne Namen und eventuell mit verstellter Handschrift auf, welche Hobbys es hat, welche Stars es besonders mag, was es am liebsten isst oder liest, welche Musik es gerne hört, welche Sportarten es am besten kann ... Dann werden die Zettel eingesammelt, gemischt und jeder zieht sich einen Zettel. Anschließend werden alle der Reihe nach laut vorgelesen und jeder im Kreis rät mit, wer »dahintersteckt«.
3. *Hier eignet sich auch noch einmal das Spiel 1 vom 25. Treff. Oder es werden die angehefteten Symbole der einzelnen Stunden gedeutet (vgl. Vorbemerkungen Nr. 7, Seite 10).*

28. Beim Fischen helfen –
Das Netz Gottes einbringen

Vorzubereiten

Nebenstehendes Bild »Fischzug« von Herbert Seidel für jedes Kind. Es ist zu beziehen beim: Nationalsekretariat für Gemeinschaften christlichen Lebens, Sterngasse 3, D-86150 Augsburg. Als Dia in: Ralph Sauer (Hg.), Handbuch zum Lektionar für Gottesdienste mit Kindern, Kösel Verlag, München/ Patmos Verlag, Düsseldorf 1981, Bd. 1, Anhang 2.

Absicht

Den Kindern klar machen, dass jeder »gesandt« ist, MissionarIn zu sein (ite missa est = Geht, ihr seid gesandt; jedenfalls eine weitere Form des Auftrags wie im Treffen 25).

Ort

Jeder Raum.

Ablauf *(Alle erhalten das umseitige Bild)*

LEITERIN: Was erkennt ihr? *(Kinder antworten)*

»Da mühen sich drei Männer ab, die Fische im Netz einzuholen. Das ist eine schwere Männerarbeit. Alleine schafft das keiner. Hätten sie sich einmal umgedreht, dann sähen sie: Da hilft noch einer mit, der mit starken Händen das Netz zieht; einer, der mit dem Boot und den Menschen darin verwachsen ist. Seht mal, welche Ruhe von dieser Person ausgeht, als ob er unendlich lange warten könnte, sofern die schwere Arbeit nicht gleich gelingt. Ihr habt es herausgefunden: Mit Jesus fällt es leichter, heute Menschenfischer zu sein. Wir sollen allen Menschen weitersagen, was Jesus für einer ist und sie in die Gemeinschaft (= Netz) der Kirche ziehen.

Lied: Eine freudige Nachricht breitet sich aus ...

(Text und Melodie: M.G. Schneider, Christophorus Verlag, Freiburg/ Verlag Ernst Kaufmann, Lahr/Schwarzwald)

Symbol zum Anheften *(siehe Vorbemerkungen Nr. 7, Seite 10):*
Ein Netz.

Spiel zum Abschluss

1. Pantomimisches Beruferaten

Alle sitzen im Kreis. Ein Kind sagt: »Mein Vater ist Matrose.« Dann fragt ein anderes: »Was macht ein Matrose?« Ohne Worte demonstriert das Kind jetzt, was ein Matrose macht, z. B. durchs Fernrohr schauen, Flagge hissen, Planken schrubben, bei schwerem Seegang die Kajüte aufsuchen. Wer das Vorgespielte errät, darf jetzt zeigen, was sein Vater/seine Mutter macht (ohne erst den Beruf zu nennen).

2. Strohhalmsaugen

Genügend Papierschnitzel liegen auf einem Stuhl. Jeder von jeder Mannschaft läuft mit einem Strohhalm im Mund dorthin, saugt ein Papierschnitzel an, legt es nach einem Hindernisparcour (über Stuhl steigen, Schuh ausziehen ...) ab und schlägt die/den Nächste/n der Mannschaft zum Starten ab. Genügend Strohhalme bereithalten!

3. »Plumpsack« im Raum.

Ein Taschen- oder Halstuch, kräftig geknotet, wandert auf dem Rücken der Kinder, die eng im Kreis sitzen, von Hand zu Hand. Das »Opfer« in der Mitte muss herausfinden, bei wem der Plumpsack gerade in der Hand liegt. Das ist nicht einfach, da ja alle Hände der Spieler/innen in Bewegung sind – wenn auch nur vorgetäuscht. Gelingt es, den Plumpsack zu finden, wechseln die Rollen.

29. Abschluss – Vergiss – mein – nicht!

Vorbemerkung

Es sollte betont werden, dass die Kinder freiwillig zur letzten Stunde kommen.

Vorzubereiten

Eine eingepackte große Schale voller blühender Vergissmeinnicht-Pflanzen, eine mehr als die Anzahl der Kinder, oder Vergissmeinnicht-Samen für jedes Kind.

Absicht

Den Kindern nahe bringen, das Fest der Erstkommunion und die Vorbereitung auf die hl. Messe nicht so schnell zu vergessen.

Ort

Wohnung der Leiterin; jeder Raum.

Ablauf

LEITERIN: Heute zum Abschluss möchte ich jedem von euch eine Blume schenken. Mit ihr will ich etwas ganz Wichtiges sagen. Wenn ich jemanden sehr schätze und ihm einen Besuch mache, dann lasse ich mich das etwas kosten; ich schenke vielleicht eine leuchtende Anthurie oder eine zauberhafte Orchidee. Einem Kranken bringe ich einen Strauß bunter Blumen, damit er sehen kann, wie ich ihn mag. Ich habe überlegt, welche Blume würde dir wohl *Jesus* heute schenken, nachdem er dich schon seit der Taufe an die Hand genommen und dich in der Kommunion ganz fest an sich gedrückt hat?

(Sie packt langsam die Schale aus und hilft den Kindern beim Erraten der Blume.)

Nicht enttäuscht sein, dass Jesus keine besonders großartige Blume gewählt hat. Du kennst das schon: Er liebt das Einfache, Kleine, Unscheinbare … Mit dieser Blume will dir Jesus sagen: »Vergiss mein nicht!« Zum Beispiel in wenigen Wochen, wenn eine Fernsehsendung oder das Bett dir zurufen: »Ach, lass die heilige Messe doch sausen, bleib hier!« Oder in einigen Jahren, wenn du in der Klasse merkst, wie wenige noch etwas von Jesus halten, auch dann ruft er: »Vergiss mein nicht!« Und wenn du als Erwachsener einmal die Hände voll haben wirst – voller Sorgen und Geld, ruft ER: »Vergiss mein nicht!« Auch wenn du selbst einmal Kinder haben wirst und überlegst, was du ihnen mit auf den Weg geben sollst: »Vergiss mein nicht!«

Vergiss auch nicht die, die mit dir zur ersten hl. Kommunion gegangen sind. Jesus will uns ja mit Gott und untereinander verbinden. Wenn du sie also später im Bus oder auf der Straße triffst, musst du sie noch ganz anders grüßen als jeden anderen.

Es gibt zu dieser Blume eine alte Sage, die im Kern ja immer etwas Wahres erzählt:

Da schenkte eine Waldfee einem Hirten aus Dankbarkeit diese blaue Blume, aber der wusste nichts Rechtes damit anzufangen und band sie an seinen Stab. Auf seiner Wanderschaft berührte er damit einmal zufällig eine Felswand und sofort sprang sie auseinander. Da sah er eine geheimnisvolle Türe und als er die geöffnet hatte, traute er seinen Augen nicht: es blinkte und glitzerte, als wären alle Schätze der Welt dort aufgehäuft! Sofort stellte er den Stock mit der blauen Blume in die Ecke, stopfte sich die Hosentaschen voll und zog das Hemd aus, um es mit Gold und Silber vollzupacken. Jetzt hatte er natürlich keine Hand mehr frei für den Wanderstab und überhörte auch die feine Stimme des blauen Blümchens, die rief: »Vergiss mein nicht!« Als er nach draußen trat, knallte der Fels wieder hinter ihm zusammen. Er erschrak furchtbar und glaubte schon, Banditen hätten ihn gepackt. Alle Schätze fielen ihm aus den Händen und stürzten in eine tiefe Schlucht. Da merkte der Hirte, dass er das Wichtigste vergessen hatte, denn mit der blauen Blume hätte er alle Türen öffnen können …

So ist das oft im Leben, liebe Kinder. Manche vergessen Jesus, wenn sie die Hände voll haben. Jesus möchte aber auf der Wanderschaft eures Lebens mit dabei sein. Und selbst, wenn ihr einmal mit leeren Händen dasteht, könnt ihr immer noch die feine Stimme in euch hören: »Vergiss mein nicht!«

(frei nach einer Idee von Martin Ebner und Stefan Mai in »Prediger und Katechet«, Heft 3/88, S. 280-282)

Ich schenke jedem von euch am Ende der Stunde ein Pflänzchen Vergissmeinnicht. Setzt es auf den Balkon oder in den Vorgarten. Wenn es verblüht ist, wirft es so viel Samen aus, dass es euch jedes Jahr neu zuruft: »Vergiss mein nicht!«

Ein Pflänzchen habe ich gekauft, um es mit euch gemeinsam zum Wegekreuz zu bringen (oder zum Kreuz auf dem Friedhof) und Jesus damit zu sagen: »Selbst, wenn wir dich vergessen: Vergiss du *uns* bitte nicht!«

Die Kinder können noch einmal spontan Fürbitten formulieren, die auf den Refrain »Geh mit uns auf unserm Weg« (»Troubadour«, 489) gesprochen werden.

***Symbol zum Anheften** (siehe Vorbemerkungen Nr. 7, Seite 10):*
Eine Blume (Vergissmeinnicht)

Alternative zum Ganzen:
Kurzgeschichte Nr. 65 aus »Kurzgeschichten 3«: Jesus kommt zu Besuch ins Herz eines Kommunionkindes, muss sich aber in die äußerste Ecke drücken, weil ein Kofferradio, eine Armbanduhr, Geldscheine etc. es schon ganz ausfüllen.

Spiel zum Abschluss
Zum Abschluss können die Kinder sagen, welche Spiele ihnen in der Vorbereitung besonders gefallen haben. So weit möglich, können sie jetzt gespielt werden.

Schön wäre es, auch diesen Treff mit einem kleinen Mahl abzuschließen (vgl. Vorbemerkungen Nr. 8, Seite 10)

30. Nachtreffen der Leiterinnen und Leiter – Mutlose Hirten?

Vorbemerkung

Hier sollten auch alle SeelsorgerInnen anwesend sein, vor allem die Priester.

Vorzubereiten

Folgendes Bild für jede/n TeilnehmerIn.

Absicht

Beim Feedback, das auch resignierende Stellungnahmen enthalten kann, die positive Sicht des Bildes einbringen.

Ort

Jeder gemütliche Raum.

Ablauf

Jede Leiterin gibt ein Resümee der (bisherigen) Vorbereitung. Danach dankt der Pfarrer ganz herzlich für die zahllosen Stunden im »Weinberg des Herrn«.

Bildbetrachtung

Empfehlenswert ist, wenn sich jeder bei der Meditation des Bildes einbringt. Erfahrungsgemäß kommen dann oft originellere und treffendere Sichtweisen zusammen, als das eine vorgegebene Betrachtung bieten kann. Bei Zeitmangel oder auf Wunsch der Anwesenden kann auch folgende Meditation vorgetragen werden (oder die Gedanken hier ergänzend zu den Stellungnahmen der TeilnehmerInnen einfügen):

Der »kleine« Hirt sitzt da ziemlich depressiv in sich selbst zusammengekauert – reif für den Nervenzusammenbruch. Seine Berufung macht ihm keine Freude mehr. Nicht die »Wölfe«, die diese Schafe bedrohen, ängstigen ihn; nein, schon die Schafe selbst machen ihn fertig: Es sind zu viele, zu anspruchsvolle, zu traurige, zu verschiedene ... Wie konnte es zu dieser Mutlosigkeit kommen? Sind die Wölfe, also die »geheimen Miterzieher«, die überall bedrohen, aggressiver geworden? Entmutigt die Blindheit und Oberflächlichkeit mancher Eltern? Hat der »kleine Hirt« oder die »kleine Hirtin« immer nur gehütet, getröstet und Mut gemacht, ohne sich selbst Pausen zu gönnen – getreu dem Grundsatz: »Geben – immer nur geben!«? Aber dann hat er/sie das kleine Sätzchen im Hauptgebot übersehen, in dem es heißt: »... lieben wie sich selbst!« Liebt sie sich noch? Nimmt er/sie sich genügend Zeit für sich? Teilen sie aus ihrer inneren Brunnenschale nur noch Schlamm aus? Der heilige Franz von Sales sagte einmal: »Der Mensch braucht, um glücklich zu sein, täglich eine halbe Stunde für sich. Mit einer Ausnahme! Wenn es ein besonders hektischer Tag ist, dann braucht er eine Stunde nur für sich!«

Elmar Gruber, ein Meister der Meditation, sagt in seinen Vorträgen: »Wissen Sie, worauf es im Leben ankommt?: Dass es *mir* gut geht!« Das klingt nach Egoismus und Eigenliebe, aber er meint die Selbstliebe. »Wer sich selbst nicht riechen kann, der stinkt anderen!«, sagt ein Sprichwort.

Der »kleine Hirt« und die »kleine Hirtin« müssen also zuerst wieder selbst froh werden, dann können sie auch anderen Freude vermitteln. Nur wer begeistert ist, kann begeistern. Dann würde auch der Blick des »kleinen Hirten« wieder klarer und er sähe: Die Schafe vertrauen ihm immer noch, obwohl er an sich und der Welt zweifelt. Sie wollen sich sogar an ihn schmiegen! Und er sähe: Der »große Hirt« hält ihn. Der Stab, an den er sich klammert, wird von ihm gehalten. Auch sein großer Mantel umschließt ihn und die Schafe unten. Würde der »kleine Hirte« oder die »kleine Hirtin« sich doch die Zeit nehmen, einmal hinter sich zu schauen: Er/Sie erblickte das eine schwarze Schaf, das ihm/ihr vielleicht entlaufen ist, in der Hand des »großen Hirten«.

»Nimm dich nicht so wichtig, kleiner Hirt!«, hören wir Seine Stimme: »Der Schafstall, der Weinberg, gehört nicht dir!« Und die Verwundungen, die du spürst, kannst du auch an seinen beiden Händen sehen.

Herr, lass uns nicht nur bis vor unsere Füße schauen und *diesem* Hirten ganz vertrauen!

Symbol zum Anheften *(siehe Vorbemerkungen Nr. 7, Seite 10):*
Ein Hirte.

Gemütliches Miteinander als Ausklang

Zum Schluss möchte ich noch eine kleine Geschichte mit auf den Weg geben:

Ein Hirt fragte vorwurfsvoll die Nachtigall: »Warum singst du nicht mehr?« Sie antwortete: »Ja, hörst du denn nicht das Gequake der Frösche (gemeint sind all die Einflüsse, die uns heute in der Erziehung das Leben schwer machen)? Da vergeht einem doch jede Lust!« Der Hirt erwiderte: »Ich höre sie aber nur deshalb so deutlich, weil ich deine Stimme nicht mehr vernehme!«

Versuchen wir also weiterhin, unserer Stimme, der Stimme des großen Hirten, Raum zu geben. Aufgeben hieße, der Kirche keine Zukunft mehr zuzutrauen.